国企混合所有制改革的实现路径选择研究（20&ZD073）

重启
可持续商业模式创新

Restart Sustainable Business Model Innovation

[挪威] 斯维农·约根森　拉斯·雅各布·泰恩斯·彼得森◎著

肖红军　阳　镇　姜倍宁◎译

经济管理出版社
ECONOMY & MANAGEMENT PUBLISHING HOUSE

北京市版权局著作权合同登记：图字：01–2021–1003 号

Restart：7 veier til bærekraftig business by Sveinung Jørgensen & Lars Jacob Tynes Pedersen.

© 2020 Sveinung Jørgensen & Lars Jacob Tynes Pedersen, All Rights Reserved.

Simplified Chinese edition by Economy & Management Publishing House Arranged through In-booker Cultural Development（Beijing）Co., Ltd.

All rights reserved.

图书在版编目（CIP）数据

重启可持续商业模式创新/（挪）斯维农·约根森，（挪）拉斯·雅各布·泰恩斯·彼得森著；肖红军，阳镇，姜倍宁译. —北京：经济管理出版社，2021.4

ISBN 978-7-5096-7956-2

Ⅰ.①重… Ⅱ.①斯… ②拉… ③肖… ④阳… ⑤姜… Ⅲ.①商业模式 Ⅳ.①F71

中国版本图书馆 CIP 数据核字（2021）第 081706 号

组稿编辑：申桂萍
责任编辑：李红贤
责任印制：黄章平
责任校对：王淑卿

出版发行：经济管理出版社
　　　　　（北京市海淀区北蜂窝 8 号中雅大厦 A 座 11 层　100038）
网　　址：www. E-mp. com. cn
电　　话：（010）51915602
印　　刷：唐山昊达印刷有限公司
经　　销：新华书店
开　　本：720mm×1000mm/16
印　　张：12.25
字　　数：165 千字
版　　次：2021 年 4 月第 1 版　2021 年 4 月第 1 次印刷
书　　号：ISBN 978-7-5096-7956-2
定　　价：68.00 元

序

"亲爱的乘客，如果您将在基加利国际机场下飞机，请将所有塑料袋留下，请勿携带行李进入卢旺达。"

大家互相张望后从塑料袋中取出物品放在了手中。我们只是在去乌干达坎帕拉的中途经停卢旺达，这次去坎帕拉是为了给由水和环境部长 Ephraim Kamuntu 率领的乌干达当局代表团以及来自东非国家的企业提供咨询，他们正在为将于 2015 年在巴黎举行的联合国气候变化大会（COP21）做准备。出于塑料污染问题，机组广播了这条令人诧异的要求。塑料污染问题在乌干达和其他东非国家也是一个热门话题。在东非海岸的印度洋上，有一个充满塑料垃圾的区域——印度洋垃圾带，其面积甚至大于南非和埃塞俄比亚的总和。在世界范围内，共有五个这样面积不断扩大的垃圾带，它们已经成为污染和生态系统破坏的象征。

因此，仅仅 6 个月后，当 Sveinung 和公司的一名经理站在太子港的塑料银行门口时，他毫不惊讶。Sveinung 在那里为这本书的写作做调研，他们一起看了公司为岛上的穷人创造就业机会而收集的大量塑料垃圾。

这家塑料银行意识到它可以同时做两件事：一方面，可以阻止塑料流入大海；另一方面，通过"将垃圾转化为现金"和"与使用可再生塑料的公司合作"，实现盈利并创造就业机会。塑料银行认识到，塑料问题还代表着对资源的滥用，如果这些资源重新用于生产，将会带来巨大的经济价值。

如今，企业、客户和主管部门已经习惯于将可持续问题提上议事日程，而这与塑料或水、二氧化碳排放量或食品添加剂、人权或性别平等、腐败或贫穷等息息相关。与此同时，越来越多的企业意识到可持续性和盈利性可以共存。在日常工作中我们会接触各种规模的企业，其中不乏采用创新经营方式的企业，而这些方式对社会和环境危害较小。不仅如此，许多企业甚至打算将联合国的可持续发展目标（SDGs）纳入企业战略。

情况并非一直如此。几年前，我们在波罗的海与金融机构合作，该公司旨在确保即使处于存在腐败、洗钱和环境犯罪等难题的市场中也能负责任地在该地区开展银行业务。一次共进午餐时，公司一位年长的经理俯身对 Lars Jacob 微笑着说："我们努力实现了公司宗旨。但请不要忘记：直到最近，我们行业的商业模式仍是'偷走'。"从那时起，我们开始就可持续经营模式创新进行讨论，内容从奥斯陆的私募股权公司延伸到伦敦的投资银行。有迹象表明，可持续性在金融行业已成为主流（Jeucken，2010；Eurosif，2014；Eccles 等，2011）。

作为企业研究人员和顾问，我们发现全行业中这种情况越来越普遍且程度越来越深。在撰写这本书前的多年研究中，我们讨论了石油行业的替代商业模式；与社会企业家举行了研讨会；与渔业公司就海上绿色增长的可能性进行了头脑风暴；与汽车行业保持联系，了解电动汽车革命对其服务市场的影响；与物流公司讨论未来绿色运输系统的外观；与来自不同行业的挪威企业家合作，探讨将可持续商业模式推向全球市场的机遇和挑战。我们与世界各地越来越多面临着类似挑战的企业合作，这些企业都或多或少地影响着社会和环境，但它们应该如何开展业务，从而在短期和长期内协调可持续性和盈利性？

在挪威及国外讲授关于可持续商业模式创新的硕士研究生课程和高管课程时，这样的问题也是我们和学生讨论的核心：苹果公司为何不辞辛劳地研发出可以拆卸旧手机的机器人？雷诺（Renault）为何决定与一家钢铁回收公司建立长期合作关系？为什么来自里约热内卢的 Refettorio Gastromotiva 从杂货店收集即将被丢弃的食物，让巴西顶级厨师为无家可归者烹制晚餐，同时为穷人提供烹饪教育？为什么乐高会用 10 亿丹麦克朗寻找乐高积木中塑料的替代物？为什么 Equinor（以前的挪威国家石油公司）会捕获大量的二氧化碳并将其提供给培育藻类以制造营养饲料的 CO2BIO 公司的科学家？是什么让 Bright Products 等公司为非洲市场的贫困人口开发太阳能解决方案？挪威消费品公司 Orkla 为什么要开发有机纯素家化产品，并用可回收塑料瓶运送这些产品？又是什么让水产养殖业把自己的养殖场迁到陆地上，并与能够将养殖场废水回收转化为肥料和能源的企业合作？

我们认为，这些企业正做着它们该做的事：用可收益方式解决难题，且从最重要的难题入手。不过，到底哪些难题足够重要，以至于客户愿意花钱去解决？当今社会，我们面临的许多重大问题都与社会和环境的可持续性有关。当代企业领导人面临着巨大的可持续性问题。研究表明，我们必须做好准备应对显著的气候变化，而过度消费和人口增长会导致企业和社会的关键资源消耗。与此同时，贫困问题尚未解决，持续引发动乱和腐败问题，降低了社会稳定性。这些都导致企业陷入困境，企业也逐渐意识到，如果维持"一切照旧"的状态，可能就会逐渐走向停业。很多迹象表明，在未来几十年中，如果一家企业能够应对可持续性，就很有可能从中获取商机（Nidumolu 等，2009；Porter 和 Kramer，2011）。同样，如果企业不能应对可持续性，可持续性就会限制企业的发展（Hofmann 等，2014；Weber 等，2010；Richardson 等，2009）。

对于目前全人类面临的各种问题，企业的责任不可推卸。这些问题可能会给地球和人类社会的未来带来严重的后果。此外，这些问题还影响企业在社会中的合法性，对于监管者在面对日益严重的社会和环境问题时如何选择采取行动也很重要。这种情况将对营商环境产生严重影响。人们期待，在巴黎举行 COP21 气候峰会和制定可持续发展目标后，各国及国际协议都将采用"胡萝卜加大棒"的激励方式。此外，企业所需重要自然资源的枯竭也将限制未来的生产、物流和消费状况。

本书认为，企业可以成为并且正在成为解决问题的重要组成部分，而我们在此讨论的问题仍可能会继续带来商机和竞争优势。已经有很多企业通过改变自己的商业模式来贡献于构建更可持续的世界（Jørgensen和Pedersen，2017a）。更重要的是，各企业试图采取与盈利兼容甚至促进获利的运营方式。

然而，这场朝着更可持续方向发展的运动可能才刚开始。为了获得必要的动力并切实解决我们今天面临的可持续性问题，基本的商业模式创新迫在眉睫。因此，本书的观点很简单：为了使企业成为解决问题的一部分而不是问题的一部分，我们需要对商业模式进行全面的变革。为了实现这一点，需要有知识来支持这种变化。本书旨在通过开发一个基于研究的可持续商业模式创新框架来促进这些变化。

我们的概念框架"RESTART"——一个由七个字母组成的缩略语，代表与商业模式相关的七个关键特征。RESTART很可能需要大规模的可持续商业模式创新，在这种模式下，企业增加的价值超过其所获得的价值。在数字化和第四次工业革命带来的技术机会空间的启发下，我们需要更可持续的商业模式来解决所面临的社会和环境问题，并适应消费者、员工和其他利益相关者不断变化的观念。本书提出了一个概念和经验调查的七个商业模式的特点，这是重新启动商业模式的核心。它展示了企业领导者如何在实践中使用它，以及如何激发可持续商业模式创新研究的重要途径的创新。但是，朝着更可持续方向发展的这一运动可能才刚刚开始。为了获得必要的动力并切实解决我们今天面临的可持续性问题，迫切需要基本的商业模式创新。对我们而言，本书的编写要点很简单：为了使企业成为解决问题的一部分，而不是问题的一部分，我们需要对业务模型进行全面更改。为了实现这一点，需要有知识来支持这种变化。本书旨在通过开发基于研究的可持续业务模型创新框架来为这些变化做出贡献。我们为此所需要的概念框架是"重新启动"（RESTART）的英文，是七个英文单词的缩写，代表与业务模型相关的七个关键特征。这样的业务重启可能需要大规模的可持续商业模式创新，在这种模式下，企业增加的价值超过了它们的价值。本书对 RESTART 的七个关键特征进行了概念界定和实证研究，展示了企业领导者如何在实践中使用 RESTART，以及该框架如何激发可持续商业模式创新研究的重要途径的创新。

本书包括三个部分：其中，第一部分"问题是什么"概述了本书的写作目的。本部分讨论了可持续商业模式创新的需求，探讨了朝此方向推动发展的三个关键趋势，并简要介绍了 RESTART 框架的七个组成部分。第二部分"RESTART 框架"深入讨论了框架的七个组成部分。第三部分"意义及未来研究"概述了可持续商业模式创新的过程模型、未来研究途径及基于 RESTART 框架的两个案例研究等实际内容。

如果你想要了解更多关于本书的视频、资料和我们的工作信息，请访问我们的网站 www.JorgensenPedersen.no。我们很乐意听到你的声音，不管你是一名经理、研究员、政治家、学生还是这个星球上的普通公民，只要你也想重新开始，在网站上，你可以与我们分享你的故事、见解和例子，你还可以在社交媒体上加入我们的讨论。

Sveinung Jørgensen 于挪威利勒哈默尔
Lars Jacob Tynes Pedersen 于挪威卑尔根

目　录

第一部分　问题是什么？

第二部分　RESTART 框架

第三部分　启示及未来研究

|第一部分|

问题是什么？

　　本部分概述了本书的写作目的和涵盖范围。我们首先讨论对可持续商业模式创新的迫切需求，这对于使更多的商业模式既做到可持续又有利可图是必不可少的。在此过程中，本书探讨了推动我们朝着这个方向发展的三个关键趋势：①可持续性问题；②数字化和技术机会空间；③改变消费者偏好和生活方式。我们还简要介绍了本书开发的 RESTART 框架的七个组成部分，具体的讨论会在本书的其余部分进行。

1
为什么要进行可持续商业模式创新?

"仅仅几年前,还没人质疑我们产品的生态足迹。我们的房屋隔热产品减少了客户的能耗,这一事实已经足够。然而如今,我们必须彻底重新设计商业模式,例如,在许多工厂中不再使用煤炭作为主要能源。大众期望我们的产品可以回收再利用,甚至是使用物联网传感器使其更加智能化。至少,我们需要找到与客户和其他参与者的新交互方法,以及与竞争对手和不同的网络平台进行协作。为了做到这一点,我们需要重新思考我们是谁、我们向谁交付什么、如何交付以及我们将如何盈利。"

这位大型国际公司的首席执行官同时感到兴奋和不安。他的整个职业生涯都从事绝缘器业务。我们的交流始于一次与建筑行业主要公司高管们进行的圆桌讨论。在对话中他告诉我们,他的公司正在整个价值链中寻求创新和更可持续的解决方案,包括设计新产品和服务,开发新的采购方式、制造方式,延长产品寿命,并寻找新的分销和监控方式。

这并不是当前唯一一位面临此类挑战的 CEO 或高管。在研究企业可持续性的 15 年中,我们经历了商业环境的巨大变化。当我们开始研究企业的可持续能力时,负责企业社会责任(CSR)和可持续性问题的人员通常是预算低廉、能力不足的沟通经理,他们并不愿意将这些问题作为工作描述的一部分来管理。组织顶层欠缺对企业责任和可持续性问题的思考和重视。此外,企业内部只有小部分关心这些问题的利益相关者,他们大多是推动这一议程的积极分子。然而如今,我们将在董事会和高管会议上讨论可持续的商业模式创新，可持续性及其对商业模式的影响已成为所有行业的战略重点，这种影响是威胁更是机遇。

这并不意味着设计创新和可持续的商业模式是一件轻松的事。我们认为，正如本书所述，有越来越多企业可持续性领域内的研究表明，企业可以在具有可持续性的同时实现盈利。然而我们要走的路还很长，通往可持续发展的道路是崎岖而危险的。可持续的商业模式创新需要辛苦的工作和坚定的勇气，并且我们仍然缺乏基于研究的洞察力，无法指导那些希望踏上可持续发展之旅的实践者，比如上述 CEO。因此，我们编写本书的目的是开发一个基于研究的框架或地图，使领导者能够在寻求可持续和可盈利性的商业模式时获得引导，并为将来对此类商业模式创新进行更多的研究铺平道路。

1.1　重新启动商业模式，共创地球美好未来

我们创造了可持续商业模式创新的 RESTART 框架，将在下一章中简要介绍此框架，并在本书的第二部分对其进行详细的分析和讨论。在介绍该框架之前，我们将简要讨论三个相互交织的趋势，这三个趋势将推动新商业模式的发展，并推动对可持续商业模式创新的需求：①可持续性问题；②数字化和技术机会空间；③改变消费者的偏好和生活方式（见图 1-1）。

我们面临的全面可持续性问题包括许多需要解决的社会和环境挑战。然而在这个数字化的时代，企业同时也置身于技术机遇的海洋之中，这些机遇允许新的、更智能的商业模式，社会趋势使企业能够以新的方式生产对新一代消费者有吸引力的产品和服务。综上所述，这是商业模式"创新的沃土"。然而综合来看，这些持续的趋势和驱动因素也代表了许多未知因素，管理者在制定和实施其战略时需要考虑这些因素。

图 1-1　推动新商业模式发展的三大趋势

管理者经常问我们，在这种新的商业环境中应该如何在实践中实现可持续的、可盈利的商业模式？在我们的演讲和策略研讨会中，我们经常使用"暗室"作为可持续商业模式创新的起点：在任何创新过程中，"电灯开关"都隐藏在"暗室"的某个地方。"暗室"外面是管理者和企业的已知领域，通常由与企业文化或 DNA 息息相关的实践所"照亮"。可持续性问题、我们正在目睹的技术变化以及客户期望的变化都超出了该领域的已知范围。对于管理者和其他利益相关者来说，这通常会让他们感到更安全，因为他们可以在安全的环境中行动，而不用承担不必要的风险。然而，正如上述 CEO 所描述的，临时业务经理们在竞争的环境中运作，这就要求他们重新设计自己的商业模式并摆脱常规业务。通常，这需要进入"暗室"，寻找开启创新理念和商业模式的"电灯开关"。这也意味着他们需要开始将可持续性问题、新技术和客户期望的变化视为机遇，而不是威胁。

为了找到"电灯开关"，管理者们首先需要进入"暗室"，这本身就是一个挑战。当他们进入"暗室"时会遇到许多挑战："电灯开关"似乎会时不时地移动，"家具"似乎也会四处移动。这意味着一旦他们认为自己找到了一个解决可持续性问题的创新方案，其他因素就会产生干扰和使情况复杂化——条件可能已经改变，竞争者可能已经采取行动，或其他玩家可能已经进入行业并改变了游戏规则。因此，真正的创新者需要共同努力去更好地理解问题并找到新的解决方案，推动他们朝着自己的目标前进，也即找到"电灯开关"。

在接下来的章节中，我们邀请您加入到我们的行列中寻找转向可持续商业模式创新的光明之路。为了创造一个更光明的未来，每个人都需要为这项研究做出贡献，无论你是一名研究人员、一名学生、一名创新过程中的管理者，还是一名认为我们需要向更可持续的商业模式转变并对此表示关注的公民。我们的经验是，进入这样的"暗室"乍一看似乎并不很诱人，但这样做有助于在进入整体的黑暗前做好准备。它需要我们基于知识和洞察力来搜索新的商业模式，这些知识和洞察力使我们可以提出更好的问题，并在搜索答案时更加精确。本书开发的 RESTART 框架可以帮助管理者重新思考、重新设计和重组他们通过商业模式创造、交付和获取价值的方式。

对于那些希望从褐色经济向绿色经济、从模拟经济向数字经济、从旧经济向新经济转变的企业来说，这种创新十分必要。本书讨论了为什么需要这样的转变，如何设计新的和更加智能的商业模式，以及研究人员如何研究这种创新过程。我们认为，正在发生的巨大变化需要新的视角来理解业务。电子商务环境已经发生了全面变化，只有新的"地图"才能在这个瞬息万变的领域发挥作用。

当今企业的管理者需要识别并走进"暗室"，不仅如此，他们还需要激励同事共同寻找"电灯开关"。我们认为，许多企业之所以未能设计出可持续的商业模式，是因为它们尚未提出正确的问题。因此，本书旨在向研究者、管理者、学生、监管者或立法者，抑或对商业、社会和环境感兴趣的读者提供作者的知识和见解，从而帮助他们提出能够引发向未来商业模式转变的问题。

1.2 本书的方法论

本书概述了 RESTART 这一概念框架，旨在探求可以在可持续发展的同时实现盈利的新商业模式的特征。此外，我们将该框架视为研究议程，因为该框架的七个组成部分都需要进行全面研究。本书结尾指出了与其中几个组成部分相关的卓有成效的研究途径。

多年来，我们与多个领域内的企业密切合作，通过定量、定性等研究相结合的方法制定出本框架。在多个不同的研究项目中，我们通过与高管、经理和官员进行结构化和非结构化访谈而收集数据，这些访谈为深入了解企业试图进行的各种商业模式奠定了基础。在本书中，我们将许多此类企业用作案例和示例，并以其为例来阐明更可持续的商业模式的各种特征。这些企业包括挪威的 Bright Products、Orkla 和 Norsk Gjenvinning 等企业以及国际企业如 Plastic Bank 和 Scanship。对这些企业和其他企业的经理和高管进行的结构化和非结构化访谈是本书所建立的实证调查的核心。

此外，我们还与企业进行了现场试验和调查，这也为我们进一步提供了有关正在发生的变化以及可能会变得广泛的商业模式创新的信息。例如，我们的调查是基于我们在 Skandiabanken 的可持续性投资的现场试验（Døskeland 和 Pedersen，2015，2017），我们对挪威服务公司的可持续性实践和绩效的调查（Gulbrandsen 等，2017）、管理控制和咨询、相同公司的治理实践（Gulbrandsen 等，2015），以及我们对可持续发展指标与消费者信任之间关系的实证研究（Jørgensen 等，2018）进行的。

最后，我们以大量多方面的报告和研究中的二手数据及信息为基础了解了现行的商业模式趋势及塑造未来商业模式的可能性。在与上述企业以及其他企业合作的研究项目中，我们被授予访问大量文件的权限，这些文件使我们能够更深入地研究这些企业的工作方式，以使其商业模式适应可持续发展问题、技术变革及正在改变的消费者偏好和生活方式。

然而，在考虑本书的方法论时，还应注意我们已经在各种企业经理和高管中逐步测试了该框架。几年来，我们在执行 MBA 计划时、在企业内部与试图设计新的、可持续的商业模式的管理者的研讨会中，以及在与企业受众的其他活动中都做到了这一点。这对如何理解商业模式的概念及其框架和特征的相对重要性给予了宝贵反馈。本书概述的框架的优势之一在于我们不断对框架赖以进行实证研究的企业以及其他苦苦挣扎的企业的管理者的思想进行了测试。

从科学的角度来看，我们认为这个框架更适合作为提出更好问题的出发点，而不是给出答案。在撰写本书时，我们正在设计实地试验、调查和其他旨在调查 RESTART 框架七个组成部分的实证研究。这包括对共享经济商业模式、"金字塔"底部商业模式联盟和循环经济商业模式的研究。因此，我们鼓励相关学者阅读本书，这不仅是对可持续商业模式概念化的贡献，也是对研究议程的贡献。在研究议程中，我们需要大量的研究来调查在设计和创新新的商业模式时将可持续性和盈利能力结合起来的尝试。

1.3　让我们重启可持续的商业模式创新

2028 年，上文所提到的绝缘公司 CEO 可能已经退休，但是看看他留下的公司将是一件很有趣的事情。他是否会通过利用新技术满足客户未来的期望，成功地创新其商业模式以使其更具可持续性？在 2028 年，我们可能会回顾 2018 年，然后说："那为什么我们不抓住机遇呢？"我们将回顾过去并认为，当时应该很容易利用新技术来开发新的、更智能的和更可持续的商业模式。回顾 2018 年，那时人们可以利用第四次工业革命中包含的所有新技术来生产有利于可持续经济的新产品和服务，同时提供符合客户期望的高质量和便捷的解决方案。我们认为要实现这一目标需要 RESTART。在以下各章节中我们讨论了这样的 RESTART 可能意味着什么、如何进行经验研究以及管理人员如何利用这种框架来尝试设计和实现未来的商业模式。

2

RESTART 框架的七个步骤

航运公司 Wilhelmsen Ship Services（WSS）的高管们认为，第四次工业革命已经开始并将使该公司大大减少其产品的生态足迹，仅从 2017 年 WSS 的创新就能看出这点。WSS 与 Pracademy 公司合作开发了几项这样的创新：推出一种可以将文件、资金、药品和其他小包裹从港口送到 WSS 船只上的无人机服务。而想要在以前实现这些，船只必须进入港口，这不仅增加了排放量，也提高了 WSS 的经营成本。WSS 还进一步开发了"智能绳索"，即带有传感器的绳索，可以让操作员知道它们何时会被破坏或磨损，从而避免绳索断裂造成的危险和破坏性情况。此外，WSS 已经开始在全球战略定位的港口进行零部件的三维（3D）打印，而不必库存零部件及来回运输以获取零件，因此实现了在减少库存成本的同时提高效率。最后，通过在船上的水壶中使用物联网传感器，WSS 总部的操作员可以监测和管理水壶中的 pH 值和温度。这就使得船上的工作人员没有必要执行这项因管理不当就可能导致危险情况甚至造成人员伤亡的危险工作。通过在运营中引入创新的新技术，WSS 还提升了船舶、港口和全球供应链其他地方员工的工作时间。

正如前一章所讨论的，本书的出发点是三个同时出现的主要趋势表明需要 RESTART，也即需要可持续的商业模式创新。这三个方面都体现在上述 WSS 的创新中。首先，我们面临着一个巨大的可持续性问题（Rockström 等，2009），我们将在整本书中加以阐述。可持续性问题中包含的综合性社会和环境问题同时也是企业的威胁和机会来源。在这两方面，可持续性问题都是创新的驱动力（Nidumolu 等，2009）。其次，我们面临的技术革命具有双重效应：它使旧的商业模式过时，并为以新方式创造价值带来了巨大的可能性。数字和物理技术（通常被称为第四次工业革命）（Schwab，2016）中所包含的技术机会越来越多，使我们能够开发出更智能、更精简的商业模式，这种模式在保持同样良好的客户体验的同时具有更小的生态足迹。最后，消费者偏好、生活方式和消费模式的变化有助于创造新的价值类型，如共享经济商业模式、基于访问的服务等。

2.1　未来商业模式的 RESTART

在管理者、学者和其他权威人士对未来商业模式的展望中，我们已经看到了这三种趋势如何塑造未来价值创造、传递和获取的方式。例如，多久之后我们才能去私家车化，定制基于无人驾驶汽车车队的班车服务？多久之后我们才能在需要钻机的时候就租一台并在几分钟内用上述无人驾驶汽车送到家里？汽车行业应该如何为这一转变做好准备？其他行业又该如何准备？

多久之后，我们坐在家中戴着 VR 护目镜浏览 Facebook，看着数字化定制的衣服时，只需轻松地说一句，"订购衬衫，向我的比特币账户收费"，这件衬衫就会被 3D 打印出来，然后由一架无人机在无人参与的情况下从仓库里取走并送过来？多久之后，只要我们把衣服放进洗衣机，衣服上的传感器就会告诉洗衣机衣服的洗涤说明？多久之后我们才能"免费"获得智能灯泡、衣服、地毯和其他产品，因为它们实现了物联网并通过为能源等相关企业提供用户大数据而获利？

多久之后，我们可以用智能手机或 VR 设备扫描杂货店的产品，在这些设备上即时获取产品详细信息：产品是如何生产的，其组件来自何处，产品物流，产品将对我们的身体和环境产生什么影响，等等。由于越来越高的消费者期望与物联网传感器技术、基于区块链的信息系统和其他信息系统以及允许消费者访问的数字接口相关的技术机遇的结合，这种极高的可追溯性和透明度有望在不久的将来成为现实。我们再次看到可持续性问题、技术机会空间和不断变化的消费者偏好是如何同时推动这种未来的。

我们可以发现近年来出版的科幻小说正在变得越来越科学化。看看阿里巴巴和亚马逊等公司在网上建立庞大生态系统的速度，它们提供的产品和服务越来越多。例如，亚马逊和 F.I.A.T. 最近开始以大幅折扣的价格在网上合作销售汽车，亚马逊购买了全食零售店从而进军食品行业。再如，根据世界经济论坛的说法，苹果的新型无线耳机是将手机融入身体的第一步。无线耳机可以"听到"我们说话的声音并配有噪声消除和声音清晰化软件，从而实现要求 Siri 向同事发送信息或在 Amazon 上订购商品、要求 Nest 恒温器降低房间温度或开启警报系统等功能。随着人工智能和机器学习的不断发展，周围不同机器人更将会识别我们的身份，学习是否需要打开或关闭闹钟以及在一天内的不同时间调控室内不同房间的温度。

生产领域也有类似减少产品生态足迹的发展。例如，3D 打印技术迅速发展使生产过程中产生更少废料，因为越来越多的产品只需"从零开始"3D 打印，无须用金属、木头或其他材料雕刻出来。此外，按需打印使得卖家无须保留大量库存，仅在需要时进行打印。类似地，VR 和 AR 技术使得医生可以远程对中风患者进行康复治疗，从而减少患者的往返奔波。此类解决方案越来越多，既可以提供高质量的产品和服务，又大幅减少了产品的生态足迹。

这些技术变革正在以创纪录的速度发生，因此，当前的商业模式必须迅速改变（Teece，2010）。如近几年特斯拉的新策略：据称特斯拉汽车已经具有启用自动驾驶功能的硬件，只待立法允许，且该公司新车配备的应用程序可在不涉及车主的情况下允许邻居或他人租车。预计在不久的将来，谷歌和苹果都将生产此类汽车。这些汽车就像滚动的智能手机，在使用租车服务时我们将按公里数付费并可能为其他增值服务付费，从而减少所有物产能过剩所带来的"结构浪费"（Morlet 等，2016）。当大多数现有汽车多数时间处于闲置状态（且多数情况下在行驶中都有空余座椅）时，为什么还要建造新车？通过简单的基于应用程序的共享模式，我们可以利用现有汽车的容量。同样的道理也适用于办公空间、农业设备，如拖拉机、滑雪板和钻机等。

这些迅速发展的技术变革有助于缓解可持续性问题，意味着第四次工业革命已经在进行中（Schwab，2016）。这个概念指的是以人工智能、机器人技术、物联网、3D 打印和高级材料等新技术为特征的几乎包罗万象的转型，还包括自主汽车、新能源形式、基因工程、纳米技术和无人机的出现（Kelly，2016）。在这些技术发展的同时，将商品、服务和社会资本的供需双方聚集在一起的在线解决方案和平台也挑战了传统的商业模式（Choudary 等，2016）。此外，新的共享经济和循环经济商业模式正在偏离传统的商业思维（Botsman 和 Rogers，2010；McDonough 和 Braun-gart，2010）。总的来说，这些趋势指向当前商业模式的全面转变，意味着生产、运输、消费和再利用材料、组件和产品的新方式（Bocken 等，2014；Boons 和 Lüdeke-Freund，2013；Jørgensen 和 Pedersen，2015）。这些更智能的商业模式将使产品和服务的资源使用和定制更加高效，从而提高对客户的服务质量，减少产品生态足迹。

本书研究了商业模式的这种发展。我们阐明了已经发生的变化和在撰写本书时正在进行的商业模式创新，甚至试图"审视水晶球"。因此，如果我们考虑到上述三个发展及其影响，就可以提供一些未来商业模式的迹象。

2.2 可持续商业模式创新的 RESTART 框架简介

本书此部分将更深入地研究 RESTART 框架。简而言之，RESTART 是七个字母的缩写，与更可持续的商业模式的七个功能相对应，可以将它们有意义地分为三类功能，分别为"RE""STA"和"RT"。

第一类"RE"（重新设计和实验）涉及企业日益增长的重新设计其商业模式的需求（Johnson 等，2008），这也会反向地影响到实验控制（Andries 等，2013；McGrath，2010）。第二类"STA"，即服务逻辑、循环经济和联盟，反映了当代可持续性商业模式的三个核心发展：强调服务而非产品或功能的所有权（Bocken 等，2014）；循环商业模式而非线性商业模式（Bocken 等，2016；Linder 和 Williander，2017）；联盟与合作而非单独竞争的单一企业（Kiron 等，2015）。第三类"RT"（结果和三维）与实施可持续商业模式相关的治理和控制挑战有关，这对于成功实现商业模式至关重要（Eccles 等，2014；Perrini 和 Tencati，2006）。

我们将这七个特征中的每一个与它们的对立面也即传统商业模式特性进行对比，突出使业务模型更智能、更可持续的七个主要变化：

- 重新设计而非停滞不前
- 试验而非转变
- 服务逻辑而非产品逻辑
- 循环经济而非线性经济
- 联盟而非单挑
- 结果而非放任
- 三维而非一维

基于上述七个特征，本书将论证未来的商业模式的系统化及其与传统商业模式的区别。具体而言，我们对未来的商业模式提出以下建议：

- 他们将需要频繁地重新设计
- 需要有控制的实验
- 以服务逻辑为特征
- 以循环经济理念为基础
- 这将使联盟变得更加重要
- 以便取得正确的结果
- 在一个三维坐标的世界里

出于盈利目的，越来越多的企业正试图让世界变得更可持续。如果企业抓住这些机会并承担起这一责任，我们或许能够实现绿色增长：在经济增长的同时减少资源的使用，从而减少污染气体排放（Ekins，2002；Popp，2012）。可以说，仍然存在着超出企业自身能力的解决方案，因为并非所有问题都能够以可盈利的方式解决，有些问题需要监管和其他解决方案。企业提供解决方案的机会空间仍然很大，但这不会是一个轻松的过程。这将需要企业活动的重大转变，因此我们作为客户、员工和经济引擎贡献者的生活方式也需要转变。我们需要更智能的制造、物流和运输、包装、消费和再利用。我们认为这需要 RESTART（重启）。

3
RESTART：什么？为什么？怎么做？所以呢？

3.1 责任和机会

2014 年，戴尔科技与其供应商新光科技（Newlight Technologies）签订了协议，新光科技是一家来自加利福尼亚的创新塑料制造商，其交付给戴尔的塑料已通过碳负离子认证。

新光科技生产这种塑料可以减少大气中的二氧化碳含量：该公司开发出了能够捕获空气中的温室气体，并将其转化为可生物降解的塑料的技术，从其他工厂中收集二氧化碳并作为塑料生产中最重要的投入要素，生产出可降解的创新塑料。

新光塑料在质量和价格上具有竞争力，从塑料椅到戴尔笔记本电脑的包装袋，新光塑料无所不能。这意味着新光科技不仅有助于解决气候问题，还建立了一个可以获取价值链上下游用户的新商业模式。在上游，二氧化碳过剩并需要处理的公司向新光科技支付费用。在下游，创新塑料的客户向新光科技支付费用。这样，公司可以实现双倍收入模式。戴尔及其他许多公司都希望通过推出环保产品来减少其价值链的环境生态足迹。因此，新光科技已经拥有很多名列《财富》500 强的客户并帮助它们减少塑料使用的负面影响。2016 年，新光科技与宜家建立了全面合作伙伴关系，通过该合作关系，新光科技将为宜家提供用于产品的碳负性塑料。

1994 年，Interface 的创始人兼 CEO Ray Anderson 被要求在一次内部工作会议上就公司的环境愿景发表看法。Interface 在国际地毯市场中扮演着重要角色，会议的原因是该公司的客户和合作伙伴质疑其地毯的制造方式以及 Interface 对社会和环境的影响（Anderson，2002）。Ray 的演讲灵感来自于 Paul Hawken 的《商业生态》（Hawken，1993）。他突然意识到自己经营了 21 年的公司不仅缺乏环境愿景，更是一个环境"罪魁祸首"。这启示 Ray 提出了到 2020 年将 Interface 的生态足迹减少到零的愿景（"零"使命）。这需要全新的思维方式和业务模式，使企业从一个"环境恶棍"转变为可持续发展的领导者（Anderson，2010）。

为了实现这一雄心勃勃的目标，该公司需要开发新产品，并且必须颠覆其原有流程以找到设计、制造和分销地毯的新方法。此外，该公司也积极寻找替代能源。也许最根本的原因是，Interface 将其基于销售地毯到最终用户的商业模式转变为基于产品服务系统的商业模式，这意味着该公司把地毯租给客户并有责任对地毯进行维护、清洁等。当地毯被破坏或磨损时，Interface 替换它们并收集以用于生产新地毯。通过这种方式，Interface 可以向客户销售更多的服务，同时降低地毯的投入因素成本（Botsman 和 Rogers，2010；Jørgensen 和 Pedersen，2017）。即使在 Ray 去世后，Interface 仍在努力实现这些目标——公司在实现其环境愿景方面取得了良好进展，同时在业内保持市场领先地位。

新光科技和 Interface 这两家公司都积极解决世界所面临的环境和社会问题，并且他们已经开发出了既能可持续发展又能盈利的商业模式。Ray Anderson 经历了一次顿悟从而使他对公司的可持续性问题负责，而新光科技的商业模式基于可持续性问题为企业提供了有利可图的和解决这些紧迫问题的机会。本书围绕这两种方法：创造更多可持续经济的责任和机会。然而最重要的是，本书解决了这些企业如何将可持续性和盈利能力结合起来的问题。

企业是问题解决者

所有行业的企业都越来越重视可持续性问题（Kiron 等，2012）。这不仅是因为问题的严重性已经开始显现在我们的社会中，更因为企业意识到为了长期保持盈利，他们必须考虑到可持续性，并在理想情况下解决所面临的问题（Eccles 等，2015；Khan 等，2016）。这可能涉及改变他们的商业模式以适应可持续性问题，也可能涉及设计积极有助于解决问题的商业模式（Wells，2013；Boons 和 Lüdeke-Freund，2013）。因此，保险公司正在努力确保客户能够适应新的环境变化，鱼类养殖公司正在改变生产方式使其更具可持续性，金融市场资产中越来越考虑到环境、社会、治理（ESG）因素。

一方面，可持续性问题对企业至关重要，因为它影响经济活动的条件（Pachauri 和 Meyer，2014；Rockströmet 等，2009）。当资源因过度使用或气候变化而变得稀缺时，相关成本和风险就会增加，适应变化的收益也会增加（Evans，2011；Krautkraemer，1998）。市场由于地缘政治和环境风险而变得不稳定时，经济的稳定性也会受影响（Fitzpatrick，1983；Miller，1992；Søreide，2016）。尤其重要的是，当客户、员工、投资者和其他利益相关者对社会和环境绩效、公开性和透明度提出更高的要求，并期望产品和服务更具可持续性时，一家无法达到这些期望的公司的吸引力就会降低（Sen 等，2016；Skarmeas 和 Leonidou，2013），或许这就是 Equinor 和 Shell 等公司选择退出油砂开采，而 Orkla 等食品生产商停止使用棕榈油作为原材料的原因。越来越多的研究表明，可持续性和盈利能力可以相协调且提高可持续性绩效，甚至可以带来某些类型的竞争优势，而这些竞争优势对于不可持续的企业来说是无法获得的（Eccles 等，2015，2016；Khan 等，2016；Kiron 等，2012；Jørgensen 和 Pedersen，2015），这意味着绿色环保的动力越来越强。

另一方面，可持续性问题对企业很重要是因为企业本身也是问题的一部分。企业在可持续发展问题的进程中发挥重要作用，缺少企业的努力，这些困难很难解决。为了实现这一目标，既需要减少对社会和环境产生负面影响的企业，又需要设法寻找能够从问题带来的商机中获利的企业。幸运的是，我们看到这两种情况正在发生，尽管可能还不够快。

责任与机会：可持续商业模式的两大驱动力

换句话说，我们概述了解决可持续性问题的两种不同方法：一方面，部分企业对自己造成的问题负责，因此采取措施减少对社会和环境的负面影响。另一方面，有些企业看到了解决问题的潜力，因此建立了能够提供利润丰厚的产品和服务的商业模式，同时解决其他企业的问题。当然，还有一些企业同时采用这两种方法。可持续性作为责任和机会的区别如图 3-1 所示。

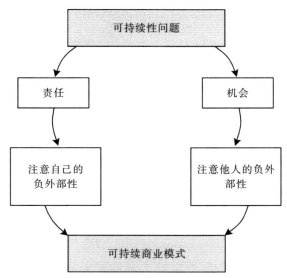

图 3-1　作为责任和机会的可持续性

资料来源：Jørgensen 和 Pedersen（2017）。

"可持续性问题"一词表示我们在社会和环境方面所面临的挑战之和。公司运营中产生这些问题的部分原因是负外部性（Cornes 和 Sandler，1996），指一家公司的活动对社会和环境产生的负面影响，如果该公司不存在，这种影响就不会存在。

企业如何看待其与任何给定可持续性问题的关系影响到企业是否会对该问题负责（如 Carroll，1999）及是否能看到解决该问题的机会（Jenkins，2009；Grayson 和 Hodges，2017）。前者通常涉及处理自身的负外部性，而后者通常涉及帮助处理他人的负外部性。当我们谈论可持续的商业模式时，企业的这些特征是其运营方式不可或缺的一部分。

对于某些可持续性问题，人们通常认为个别企业应该对此负责（如 Freeman，2010），Ray Anderson 正是因此在 Interface 公司进行变革。同样，这种想法可能是戴尔希望通过从石油基塑料转向碳负塑料来减少其业务生态足迹的基础。因此，企业可以告诉其客户和其他利益相关者它正在绿化运营模式。而其他可持续性问题与企业无关，没有理由认为企业应对此类问题负责。例如，新光科技不对其他企业的二氧化碳排放负责。然而，该公司仍透过这些问题看到了巨大的商机，并因此发展了可以在赚钱的同时致力于解决可持续性问题的新商业模式。

越来越多的例子表明，企业可以找到创新解决方案从而以盈利的方式解决可持续性问题（Nidumolu 等，2009；Porter 和 Kramer，2011）。企业之所以能够做到这一点，是因为它们是问题解决者，它们旨在识别现有或潜在客户所面临的问题中的商机，并找到解决问题的有利途径。

走向可持续的商业模式

当 Mark Herrema 和 Kenton Kimmel 在 2003 年创立刚刚起步的新光科技时，他们还是两个在车库里试验技术的年轻人。当 Ray Anderson 顿悟并彻底改变企业的商业模式时，他已经担任市场领先的 Interface 公司的 CEO 21 年。因此，无论是小公司还是大公司，无论是商品生产企业还是服务业，无论在挪威还是加利福尼亚，无论是现代知识密集型企业还是传统组织，都有创新的可能。

从巴黎的超市到里约热内卢的足球场，从挪威卑尔根的金融机构到硅谷的科技公司，从马德里的服装制造商到丹麦的工业园区，在所有这些地方，都有部分公司采取了适当的措施来提高可持续性，同时成功地保持或提高了盈利能力。这些企业在实施可持续的商业模式创新方面取得了很大的成功，值得其他企业效仿。

3.2　可持续和盈利

回收公司是否也需要可持续的商业模式创新？2011年，私募股权公司Altor以约2.5亿美元的价格收购了挪威最大的回收公司Norsk Gjenvin-ning（NG）。新的所有者很快意识到公司需要进行重大"道德清理"。

2014年，NG公开披露了公司运营和整个垃圾回收行业中隐藏的不道德行为，此做法在业界并不常见。NG解释，仅在2013年就花费了近1500万美元对公司进行"道德清理"，该公司拥有1500名员工、4万名客户，年收入约4亿美元。NG处理挪威约25%的废物，在瑞典、丹麦和英国也有业务。Altor在2011年接管NG时发现，公司的大量资金是通过非法手段处理废物而获得的。此外，现金经济和控制松懈使得部分回收行业腐败成风，普遍存在危险废物未按有关法律处理、废物非法出口、行业内参与者互相串通等问题。

在首席执行官Erik Osmundsen的带领下，NG的管理团队设定了一个目标以实现他们所说的"真正的可持续性"。他们从自己的队伍开始落实新的愿景和新的企业价值观，同时，努力让业内其他企业及政府和客户了解情况的紧迫性。该公司约有一半的管理人员被撤换，其中一名前管理人员被判入狱13个月。公司设计了举报系统以揭露问题。NG在实现真正可持续发展方面的努力有增无减，这一"绿色"行业也需要进行重大的企业重组（Serafeim 和 Gombos，2015）。2017 年底，当 Altor 的股份被私募股权公司 Summa Equity 收购时，公司朝着这个方向发展的势头进一步增强，Summa Equity 由 Reynir Indahl 领导，Reynir Indahl 是之前在 Altor 工作时收购 NG 的合伙人之一。在收购时，Indahl 表示："公司证明了提供改善环境可持续性的解决方案在财务上的吸引力。"该公司进一步表示，打算让 NG 成为循环经济转型的领导者，从而以新的方式改善其商业模式的生态足迹。

一切都是美好的

NG 的故事主要关于外部性，即企业活动对社会和环境的正面和负面影响，我们分别称之为企业的光明面和阴暗面（Jørgensen 和 Pedersen，2015；Eells 和 Walton，1969）。

企业通过运营管理为人们带来光明也投下阴霾。简而言之，企业在解决其他人引起的问题时会大放异彩，而在通过运营给其他人带来问题时会蒙上阴影。NG 致力于最大限度地减少其业务的阴暗面，包括腐败、污染等。此外，该公司旨在通过帮助其他企业提高可持续性来阐明自己的观点。这实际上是企业商业模式的精髓——处理多余的资源和浪费，并将其重新用于生产目的，同时，公司就如何减少其生态足迹向其他公司提供建议（Serafeim 和 Gombos，2015）。NG 与 Norsk Hydro 和 Nespresso 合作开发了用于回收雀巢咖啡机用铝制容器的系统。铝制容器代表了雀巢产品的巨大阴影，而 Norsk Hydro 使用大量的能源来生产新铝，但只有 5% 的能源用于回收铝。因此，三家企业共同努力找到一个基于市场的解决方案，可改善企业运营的总生态足迹。

所有的组织都投下阴影，也都能发出更多光芒。它不仅适用于石油公司或行业巨头，即使像红十字会这样的慈善机构也具有负外部性，尽管它在解决世界问题上做得更多。所有组织都必然或多或少地投射出假若它们不存在就不会存在的阴影。然而，单个组织的阴影有多大取决于其商业模式的设计，因此，组织有机会设计出更可持续的商业模式。同样地，所有的组织都具有因其而生的正外部性，因此我们可以考虑任何组织的运营对社会和环境的"净影响"。

NG 希望为"真正的可持续性"做出贡献，即不仅要采取措施提高可持续性，而且更要达到与社会和环境真正和谐的状态。因此，该公司的目标是发展一种在全球和社会范围内运作的商业模式。Interface 的既定目标是到 2020 年实现零生态足迹，而 Newlight 开发了碳负塑料的生产方法。这三个参与者以不同的方式表达了相同的目标：他们不希望自己的公司投下不必要的阴影，甚至不想露头，以至于任何积极的后果都大于消极的后果。他们旨在实现绿色增长，即增加经济增长的同时减少对社会和环境的影响（Stoknes，2015），以此为可持续性问题做出"净贡献"。

图 3-2 描述了一家公司的正外部性和负外部性，即企业经营所产生的光明面和阴暗面的总量（McDonough 和 Braungart，2010）。纵轴从负

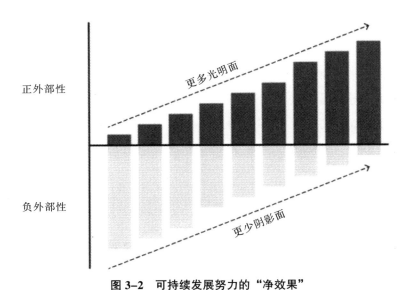

图 3-2　可持续发展努力的"净效果"

资料来源：McDonough 和 Braungart（2010）。

100%到正100%（两者都仅从理论上存在，没有公司会遇到这两种极端），图中的条形图描绘了企业的光明面和阴暗面。阴影侧较大而阳光侧较小的企业将放置在该图的最左侧，最右侧则代表相反的方向。虚线分别示出两个理想的运动或轨迹，以投射更多光线并产生更少的阴影。这两个轨迹都反映了对更可持续的业务的贡献，但应该注意到，减少阴影是朝向零生态足迹的线性运动，即尽可能减少不良情况。然而，另一条轨迹在某种意义上是无止境的，即企业的正外部性可能不受限制。

从社会和环境的角度来看，像红十字会这样的组织通常会被放置在图3-2的右侧，因为人们认为其所散发的光比阴影要多得多。其保证儿童教育、食物和医疗保健等慈善行为有助于减少社会不平等并为儿童树立环境意识。同时，红十字会还存在与其行动（包括旅行、物流等）的负面影响有关的阴暗面。集束炸弹和赌博游戏制造商通常会被置于图3-2中最左侧，因为它们的实质阴影来自于其核心产品，尽管它们也有创造就业机会、依法纳税等积极影响。

那么最重要的是什么？企业是应该更努力为社会和环境带来积极影响还是通过采取措施来减少阴影？这个问题的答案可能取决于企业的目标和相关可持续性问题的紧迫性。任何不以可持续的方式运营的企业，其在某种意义上都类似于锯掉企业成长的树枝。问题是，它是否足以让锯的速度变得更慢，或者是否需要完全停止锯切，也就是说，找到新的、更可持续的操作方式。在多数情况下，获得短期盈利能力无须考虑"光明面和阴影面"的问题，但企业的长期盈利能力与其社会和环境绩效紧密相关。

3.3　下一步：调整财务、社会和环境底线

2011年，体育器材制造商彪马（PUMA）在首席执行官乔森泽茨

（Jochen Zeitz）的领导下，发布了该公司的首份可持续发展报告。彪马在这份报告中披露，其对环境的负面影响成本为 1.45 亿欧元，而其同年利润为 2.02 亿欧元。

如果公司支付这些负外部性的成本，其利润将因此减少 72%。事实上，彪马的利润主要是从未来的发电资源中借来的。在提交可持续发展报告时，Zeitz 说，我们正在过度开发环境提供的资源和服务，并补充说："如果我们的经济模式没有根本性的改变，而世界已经发生了变化，那么可持续的商业是无法预期或实现的，就这么简单。"

当美洲狮发布报告时，它还采取了一些措施来减少它的"阴影"。然而，环境数据显示，美洲狮仍欠地球"债"，尽管它正试图变得更加可持续。除了欧盟范围内的二氧化碳排放等少数例外，清洁空气、淡水和表土等资源的使用仍然没有定价。这意味着 PUMA 所指的环境成本并不是公司不必支付的实际成本。相比之下，这些资源的消耗对地球来说是一个非常实际的代价，至少对那些在我们之后生活在这里的人来说是如此（Zeitz，2011）。

那么，什么是可持续经营？简单地说，这是为了在经济、社会和环境之间建立一种和谐和可持续的互动关系，在这种互动中，经济活动促进了它们所存在的社会和环境系统发展，而不是打破它们（Lozano，2008；O'Higgins 和 Zsolnai，2017）。我们的视角是商业经济，这意味着我们从企业的角度看世界。我们特别关注企业的特点，这些企业的目标是在短期和长期内实现财务和非财务目标。然而，正如彪马的例子所表明的那样，如果企业不考虑其绩效的社会和环境层面，它们可能会自取灭亡。企业直接依赖于社会和环境，因为它们的运营依赖于从中提取的人力和自然资源。企业也间接地依赖于他们的活动如何影响社会和环境，因为客户、员工、投资者和其他利益相关者或多或少会愿意支持企业，取决于他们如何看待企业的生态足迹。

可持续的相互作用

可持续的未来取决于企业、社会和环境之间更加和谐的相互作用。如今我们正面临着全面的可持续性问题，部分原因是商业活动给社会和环境带来巨大的负外部性，而正外部性不足以弥补企业阴影。这基于一个简单但重要的前提，即理解商业、社会和环境是如何相互关联的，如图 3-3 所示。

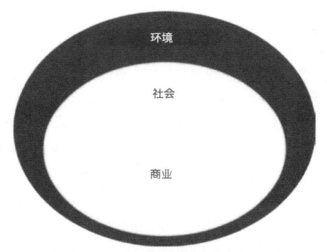

图 3-3　商业、社会和环境之间的可持续互动

经济系统存在于社会边界之内（Thompson 和 Macmillan，2010；Dyllick 和 Hockerts，2002）。企业为社会提供具有重要价值的资源（如工资、重要商品和服务等），并且利用社会资源（如劳动力、基础设施、教育、道路等）。企业给社会带来的阳光面涉及纳税、创造就业、提供产品和服务等问题，阴影面则涉及剥削工人、腐败、逃税、导致肥胖的食品等问题。

企业与社会之间相互作用密切。随着时间的推移，企业依赖于一个存在信任的可持续社会，该社会拥有能够为工人提供所需技能的运作良好的民主制度教育机构及使企业得以运作的政治和法律机构。如果社会无法满足上述条件，便会对企业产生影响（Carroll 和 Shabana，2010）。

此外，经济和社会都存在于自陆地延伸至海洋和天空的环境边界之内（Ingebrigtsen 和 Jakobsen，2007；Rockström 等，2009）。如图 3-3 所示，社会和环境都嵌入在生态系统中。如上所述，经济和社会相互依存且都依赖于自然。地球可以没有人类而存在（Holmes，2006），但人类完全依赖于可行的生态系统。当然，商业活动也需要相应的环境资源与要素的投入，PUMA 的可持续发展报告就着重强调了其在环境上留下的重要生态足迹。

可持续性问题指的是这三个系统之间的不和谐。可持续问题的挑战在于找到与这三个系统相协调的商业模式，以便在可持续发展的同时保持盈利。值得庆幸的是，我们看到越来越多的企业正在实现这一目标。然而应该指出的是，追求可持续发展会使部分企业无法生存。也许很多企业根本就没有未来，有的产品、服务甚至行业将在更可持续的未来中被淘汰。另外，企业自身可能也存在一些可以解决的问题，这显然需要制定法规或其他手段来促进绿色生活方式和消费模式。本书的出发点是研究企业可以提供的解决方案。尽管它们可能带来可观的商机，但要获得它们并非易事。

可持续发展是值得的，但这并非易事

当然，在完全忽略对社会和环境的影响的情况下仍可以实现盈利，且在短期内情况可能一直如此（Hong 和 Kacperczyk，2009；Saraber，2007）。例如，愿意妥协于社会和环境标准的企业可以在没有污染或工人权利限制的国家生产商品，且至少会从中获得短期利益，在不破产的同时不承担责任。然而许多变化（如可持续发展报告、法规、不断变化的客户偏好以及投资者对环境风险的关注）都表明这种做法越来越难以实现（Fernandez-Feijoo 等，2014；Mol，2015；Unruh 等，2016）。企业创造利润的最佳路径不再是遇到社会与环境影响时保持沉默或置之不理。哈佛商学院 Robert G. Eccles 等的研究表明，成功地将可持续性纳入其总体战略和商业模式的企业从长远来看更有利可图（Eccles 等，2015）。他们研究了可持续性实践对公司财务绩效的影响，并比较了 20 年内的 180 家美国公司。他们将公司分为高可持续性企业和低可持续性企业两组。这些公司的互相匹配使得它们在解释绩效差异的重要特征上具有可比性，因此盈利能力的任何剩余差异都可能归因于企业可持续发展方法的差异。

研究的结论表明，无论是用股票市场数据还是会计数据衡量，随着时间的推移，高可持续性企业的表现都会优于低可持续性企业。与主要提供 B2B 业务的公司相比，主营 B2C 业务的公司体现出的上述差异更大。需要在品牌和声誉上竞争且更依赖自然资源的公司体现出的上述差异也更大。

那么，可持续发展企业的特征是什么？在这些公司中，董事会通常负责企业的可持续发展战略和绩效，他们更有可能对与可持续性绩效相关的高管实施财务激励。此外，这些企业拥有更广泛的利益相关方参与程序和系统以及拥有更长远的眼光。他们通常更为开放透明，其控制系统和报告包括财务和非财务指标。其他研究也强调了这些特征，该公司的自我报告也指出了自身可持续性实践的特征及其对财务绩效的影响。

我们应该注意的是，虽然本研究包括了来自不同行业的企业，但样本仅限于美国企业。换言之，目前尚不清楚是否会在世界其他地区的市场上取得类似结果，尽管最近的研究表明同样的关系存在于斯堪的纳维亚等公司（Eccles 等，2016；Gulbrandsen 等，2015）。尽管如此，上述趋势仍表明与可持续性相关的竞争优势将在未来几年变得更强。然而，要实现这些目标并不容易，即使可持续性和盈利能力能够协调一致，也需要对企业及其商业模式进行广泛的变革，因为需要解决的问题是全面的。

每年，全球生态足迹网络（GFN）都会宣布"地球生态超载日"（Global Footprint Network，2011）：如果我们实施可持续资源管理，则在这一天我们便已用光当年的所有可用资源。2017 年的地球生态超载日是

8月2日，比2016年的8月8日早了6天。我们正以相当快的速度朝着错误的方向前进：在一年的前八个月使用了全年的地球资源，剩下的四个月则是借用子孙后代的资源。GFN计算得出当前的消耗需要1.6颗行星来支撑。相比之下，在1960年，我们只需要地球3/4的面积即可支持我们的消费。目前，地球人口每年使用的资源超过其总资源的50%，产生的废物（包括二氧化碳）也已经超出地球所能承受的范围。

举例来说，我们每年排放的二氧化碳量是森林和海洋捕获并转化为氧气的两倍。仅就温室气体排放而言，我们就需要两个行星的当量。当然，各国之间存在巨大差异：满足意大利的需求只需要不到4个"意大利"，但需要超过12个"沙特阿拉伯"来满足沙特阿拉伯的需求。地球生态超载日也被称为地球债务日，我们集体的过度消费可以被视为一个生态奢侈陷阱，在这个陷阱中，我们越来越多地从地球借用资源并将生态债务转嫁给子孙后代，他们将因此拥有更少的生活资源且必须应对更不稳定的气候。为了应付我们目前的生活方式给他们造成的局面，他们将承担巨大的财务和非财务成本。

这种债务缠身的发展显然不可持续，因为可持续发展被定义为在不损害后代人满足其需求的能力的前提下满足当前需求的发展。"可持续发展"一词在1987年通过世界环境与发展委员会发布的联合国报告《我们的共同未来》推广开来。可持续发展是对该概念的总体理解，其本质上是指生态系统（如森林或海洋）的生存。最近这个概念也被用来指代商业和社会的更广泛的生存能力（Dixon和Fallon，1989）。

显然，我们正在挑战地球的承载能力。然而，地球到底能承受多少？人类的行动空间如何？每年的威胁如何变化？斯德哥尔摩防灾中心（SRC）已开发出环境承受压力的九维边界框架（Rockström等，2009）。该中心每年都发表报告，以评估以下九个领域的进展情况来显示地球的承载能力现状：

- 平流层臭氧消耗

- 生物圈完整性丧失
- 化学污染和新物质的释放
- 气候变化
- 海洋酸化
- 淡水消费和全球水文循环
- 土地制度变更
- 氮和磷流入生物圈和海洋
- 大气气溶胶负荷

根据 SRC 的说法，每个维度的压力程度各不相同，且其中一些维度已承受巨大压力。同时，由于测量方法不够完善，目前尚未充分了解其中许多区域的负面影响程度（Stefen 等，2015）。

社会边界

就像地球承载能力有限一样，社会结构也可能延伸得太远。然而，我们显然不能认为社会和环境完全不相关（Margolis 和 Walsh，2003；Smith 等，2013）。例如，我们知道气候变化对环境的影响是由世界上最贫穷的人不成比例地承担的（Duraiappah，1998；政府间气候变化专门委员会，2014）。再如，奴隶劳动与温室气体排放之间的关系：最近的研究表明，奴隶从事的经济活动与其碳生态足迹不成比例，如果奴隶制是一个国家，它将拥有加拿大的人口和安哥拉的国内生产总值，但它将成为仅次于中国和美国的全球第三大二氧化碳排放国（Bales，2016）。这些例子表明，社会问题和环境问题之间存在相关性，实际上可以通过解决社会问题来解决环境问题；反之亦然。

可持续性的社会维度包括社区可持续性的各种特征，这些特征不一定像上述环境属性那样容易获取和测量（Hutchins 和 Sutherland，2008）。例如，2015 年公布的联合国可持续发展目标（SDG）包括贫穷、健康、两性平等、多样性、社会公正和社会包容等社会现象。地球人口贫困问题依然严峻——全世界将近一半的人口每天的生活费不足 2.5 美元，而经济不平等现象正在加剧（Banerjee 和 Duo，2011；Atkinson，2015）。

企业的社会生态足迹影响上述所有属性。当经济实体腐败时，社会正义就会受到破坏并使腐败持续，贫富差距可能会进一步加剧（Søreide，2016）。企业生产不健康或有害产品会对人类健康和生活质量产生影响（如 Collins 和 Fairchild，2007）。当企业进入约束不足的市场开展剥削性商业活动，以便让廉价劳动力在危险或高风险的条件下工作时，就会出现一些社会价值观念的压力（Simas 等，2014）。

未来的商业模式必须适应这种资源状况：企业依赖员工和社会合法性以维持运营，而不受激进主义、更严格的监管和负面声誉的影响，且他们所依赖的社会环境足够安全且可预测，使得企业能够获取所需的人力和社会资源。

社会边界可能不像环境边界那么明显。我们可以识别何时耗尽贵金属和清洁水资源，也可以观察到海平面上升，注意平均气温上升及其影响。然而，我们如何知道社会结构破裂？对于企业而言，这种挑战比环境挑战更难管理，且在许多情况下此类社会问题具有更本地化的特征。因此，也许与社会可持续性问题相比，企业更可能解决环境可持续性问题，然而这并不意味着前者就不重要。

下一站：重新启动

PUMA 意识到，它"欠"地球 3/4 的利润是因为它开采的资源超过了地球提供的资源并且污染了地球和大气。近年来，PUMA 和许多其他公司已采取措施以促进更可持续的发展。它们正在变得"更加可持续"。随着时间的流逝，它们也许将变得"真正可持续"，这是 Norsk Gjenvinning 的既定目标。然而，考虑到我们概括的上述总体可持续性问题就很容易变得悲观。斯德哥尔摩防灾中心的测量结果显示，警告灯正在熄灭。分析表明，即使是目前处于地球承载力范围内的资源（如淡水的使用），也仍旧面临压力。而且，有些问题似乎是任何企业都无法解决的，因为它们认为这些问题对它们的经营绩效并不重要。

面对如此巨大的发展，国际社会的反应显然非常被动。此外，尽管有很多企业采取了大大小小的措施以实现可持续发展，相匹配的商业模式仍然相对较少。因此，我们需要更多能够使世界变得更绿色而不是更褐色的商业模式，需要更多真正可持续的商业模式去实现 RESTART。

《 |第二部分| RESTART 框架 》

　　本部分中我们开发了 RESTART 框架，概述了框架的七个组成部分，R、E、S、T、A、R、T，并探讨了它们如何在商业模式设计和创新中协调可持续性绩效和财务绩效之间的关系。在此过程中，我们勾勒出一个概念框架以作为进一步实证调查、实际应用和教学的基础，并在本书后半部分进行进一步讨论。

4
RESTART 路线图

本书接下来七章介绍了 RESTART 框架及其七个组成部分，首字母缩略词 "RESTART" 中的每个字母都代表更可持续的商业模式的一个特征。在这七章中，我们将论证这七个特征是可持续商业模式创新的核心，这些创新可以带来 "RESTART"。下面将进行简要介绍。

企业必须努力去实现这些改变，如果没有对当前商业模式的重新设计，这些改变也很难实现。在当今瞬息万变的世界中，重新设计商业模式至关重要。为应对竞争压力，商业模式创新也更加频繁和重要（Johnson 等，2008；Mitchell 和 Coles，2003）。在第 5 章中我们将讨论什么是商业模式以及如何重新设计商业模式，以确保公司为客户创造价值并实现可盈利的创新。

重大变革虽然必要，但也不会在一夜之间完成，企业更不可能一次冒尽所有险。相反，他们应该利用可控方式和自身经验找出可行方法及新的商业模式如何随时间的推移而发挥作用。因此，企业有必要进行实验（List 和 Gneezy，2014；Andries 等，2013）。本书第 6 章展示了成功的商业模式创新实验，特别验证了其对可持续商业模式创新的重要性。

提高资源利用效率的重要一步是对产品逻辑主导下 "客户需要产品所有权" 的理念的超越，而越来越多企业开始采用服务逻辑发展可持续业务，服务作为一种可以购买和拥有的产品对客户同样具有吸引力（Bocken 等，2014；Baines 等，2009）。本书将在第 7 章中展示如何应用服务逻辑来促进更智能、更资源化的消费，从而减少浪费和污染。

实现可持续未来所需的最重要的变化之一是更明智地利用现有稀缺资源，这意味着我们必须摆脱传统商业经济学所基于的线性"获取、制造和处置"的方法，而应基于重用、资源效率和闭环来构建循环商业模式（Bocken 等，2016；McDonough 和 Braungart，2009；Webster，2015）。因此，循环经济是绿色环保和高效经营的关键。本书将在第 8 章中探究循环商业模式是如何向更绿色、更智能的经济过渡的。

想要成功进行如此巨大的变革，必须采用合作的方式。考虑企业商业模式的可持续性时，仅仅关注单个企业内部的情况过于局限，这类成就很难通过单独经营获得，而是需要企业之间建立适当的联盟共同解决难题（Kiron 等，2015；Tencati 和 Zsolnai，2009；Chesbrough，2006）。本书将在第 9 章讨论联盟在实现跨组织的可持续创新方面的作用。

为实现全面变革，我们应该优先考虑发展可持续业务的相关变革，这意味着要"做正确的事"，而不是"做所有事"抑或"做看起来很好的事"。为了实现可持续的未来，企业应该创造成果而非放任发展，即成功地进行可持续发展改进，从而切实发挥作用并解决重要问题（Khan 等，2016；Eccles 和 Serafeim，2013）。本书将在第 10 章探究如何实现可持续性绩效及如何将其与财务绩效相结合。

要成功实现这种能力的转变，整个组织的设计必须使所有组织成员朝着正确的方向努力。可持续的商业模式涉及社会、环境和财务绩效之间的相互作用，这必须反映在总体目标结构、测量和指标、激励、奖励和组织设计中（Jørgensen 和 Pedersen，2015；Schaltegger，2011；Gond 等，2012；Figge 等，2002），它包括从对财务绩效的一维强调转为三维设计整个组织。本书第 11 章展示了目标、优先级、度量和报告是实现可持续性和盈利能力的关键要素。在接下来的 7 个章节中，本书将分别讨论 RESTART 框架的七个组成部分，以阐明其提出的业务模型创新的类型（见图 4-1）。

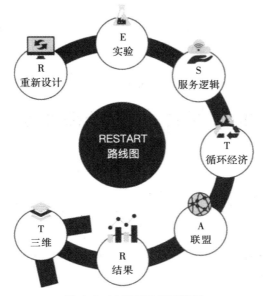

图 4-1 RESTART 路线图

5

重新设计而非停滞不前

那些既追求可持续发展又追求盈利的企业必须重新设计自己的商业模式（见图 5–1），这意味着改变企业创造、交付和获取价值的方式以减少其对社会和环境的负面影响：在更有利于环境且更具竞争力的同时创造、交付和获取价值。

图 5–1　重新设计而非停滞不前

5.1　商业模式——企业如何运作

"那是我们的时光，我的朋友，我本以为那永远不会结束。"玛丽·霍普金在 1968 年唱道。很容易想象唱片行业每年都聚会并唱这首歌，因为自从这首歌发行以来，音乐业经历了许多剧烈的动荡。

长久以来，大多数人购买的是物理格式的音乐。唱片问世之前，人们更是通过音乐会来体验音乐的美妙。几十年前，音乐的常见消费模式是在实体商店购买 CD 等。21 世纪初，随着计算机和互联网的快速普及，音乐变得数字化，通过 Napster 和 Pirate Bay 等服务非法下载音乐的人也越来越多。音乐界深信顾客不喜欢音质低劣的音乐，而是偏爱触摸专辑封面的质感并通过大量的唱片收藏来展示音乐品位。他们错了。

音乐的数字化及基于新的音乐消费形式的商业模式的发展表明，客户不需要拥有实体音乐产品。诚然，近年来黑胶唱片的销量有所增长，但市场份额仍不足 10%。相反，越来越多的人习惯播放和收藏数字音乐而不是购买实体专辑。事实上，在当下的数字时代，专辑的传统意义正逐渐消失。音乐界的最初反应是试图通过版权保护技术、诉讼音乐共享者等方式阻止这种势不可当的发展，音乐家也对这种发展持怀疑态度。显然，非法音乐文件共享直接影响了唱片销售，音乐家被迫重新思考如何创收，整个行业都亟须创新商业模式来创造、交付和获取价值。

苹果公司于 2001 年推出 iTunes 音乐应用，用户可通过 iTunes 购买数字音频文件并在其 MP3、iPod 和计算机及 iPhone、iPad 和其他设备上播放。这种需要客户付费的商业模式成功地挑战了非法下载音乐的行为。iTunes 的成功尤其归功于其在有吸引力的平台上利用简单方便的用户界面使购买产品变得容易。苹果与供应商的全面合同也确保他们拥有丰富的音乐存量。然而更重要的是，苹果的商业模式仍然是基于拥有产品（音乐）的客户，只不过该产品是数字文件而不是实体产品（Johnson 等，2008；Osterwalder 和 Pigneur，2010）。

瑞典公司 Spotify 于 2006 年推出的服务成为 iTunes 商业模式强有力的竞争对手。Spotify 通过基于订阅的流媒体服务提供音乐。客户不再需要购买单个音乐文件或专辑，而是可以随时随地按需播放 Spotify 目录中的所有音乐。因此，Spotify 改变了音乐的消费方式：从向客户提供产品所有权转变为仅向用户提供音乐的播放权（Stamp 等，2013；Gassmann 等，2014）。如今，音乐的物理格式（CD、黑胶唱片等）与需要购买的数字音频文件（iTunes、Amazon 等）和流媒体数字音频文件（Spotify、Tidal 等）共存，但数字商业模式日益占据主导地位。

音乐产业的黄金时代也许永远不会过去，像 Spotify 这样的流媒体服务也不会是该产业的最后一次革命。为了与时俱进不断发展，Spotify 最近开始聘请科学家利用公司的数据研究在不确定的未来竞争中如何提供更好的服务。随着时间的推移，关于音乐是如何传播和消费的故事已被多次重述，整个进程可描述为可持续商业模式创新浪潮下商业模式的反复重新设计。这是许多行业的创新方式，尽管有些行业比其他行业更频繁。自然而然的结果是，许多企业甚至整个行业因未能及时做出必要的改变而灭亡。它们没有创新并成为他人创新商业模式的牺牲品。但商业模式究竟是什么，它如何帮助我们了解企业的运作方式？

叙说故事的企业

商业模式有时被称为解释企业运作方式的故事（Magretta，2002）。那企业又有什么特点呢？至少，它们通过提供客户想要的并愿意为之付款的产品或服务，为客户和自己创造价值。商业模式是企业在实践中如何成功的关键（Osterwalder 等，2014）。

如果我们想更好地了解 Spotify 之类的公司并了解它们的运作方式，我们可以提出以下问题：

- 什么是 Spotify？
- Spotify 为谁而存在？
- Spotify 如何为自己和他人创造价值？
- Spotify 在哪些市场开展业务，与它的竞争对手有何区别？
- Spotify 的客户如何付款？
- Spotify 如何确保其收入大于成本从而有利可图？
- 随着时间的推移，Spotify 在增长和规模方面有什么雄心壮志？

商业模式的共同点是，它们反映了企业如何通过商业机会创造、交付和获取价值（Osterwalder 和 Pigneur，2010；Teece，2010；Johnson 等，2008），如图 5-2 所示。

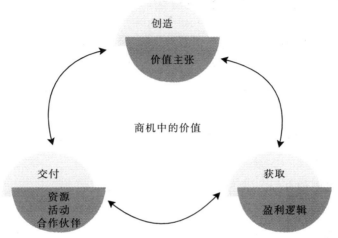

图 5-2 商业模式：从商机中创造、交付和获取价值

定义商业模式有多种方法，可将商业模式视作由一组相互关联的、可以以各种方式进行概念化的组件组成。然而，正如 Foss 和 Saebi（2017）在对商业模式创新的评论中所指出的，大多数定义都围绕着商业模式重视企业"价值创造、交付和获取的设计或架构"的内容（Teece，2010）。本书同样将商业模式分为三部分内容（Jørgensen 和 Pedersen，2015）：

（1）价值创造：企业如何以给定的价格（通常称为价值主张）帮助客户解决问题或完成待完成的工作。

（2）价值交付：企业执行价值主张所需的关键资源、活动和合作伙伴。

（3）价值获取：企业如何通过给定的收入模型和给定的成本结构来赚钱。

所有组织都有意识或无意识地基于反映这三个组成部分的商业模式运作。我们将商业机会的价值置于模型中间，因为这正是企业努力实现的目标，它代表着可以构建商业模式的机会。总体而言，这些组成部分讲述了企业如何运作，而这三个部分对企业的成功至关重要。

通过成功的价值主张创造价值

商业模式的第一个也是最基本的部分是价值主张，它反映了企业如何创造价值，指企业提供的可帮助客户解决问题或以给定价格完成待完成工作的产品或服务（Osterwalder 等，2014）。克里斯滕森认为，"工作"一词隐喻将交易视为客户"雇用"产品来完成"工作"，关键是要了解客户需要做什么样的工作。进而，企业应该提供什么以及如何提供，以便客户愿意一次又一次地"雇用"他们？

您可以使用 Spotify 来解决听音乐问题，而在唱片店购买 CD 或黑胶唱片则是以另一种方式解决该问题。Spotify 和唱片商店的共同价值主张在于使您听到音乐，然而显然二者方式不同。Spotify 在线播放流媒体音乐，其服务使您可以访问无数的艺术家和歌曲，同时您可以在实体商店或线上商店购买实体唱片，您甚至可以在 YouTube 上播放音乐并同时欣赏 MV，这是音乐服务的另一项功能，可以为其用户完成不同的"工作"。

这些基本选择体现在企业的价值主张中，它们表明了针对同一基本问题的不同解决方案。如图 5-3 所示，成功的价值主张使企业提供的服务和客户想要完成的工作具有一致性。

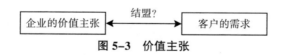

图 5-3　价值主张

Theodore Levitt 曾说过，管理者可能会认为他们在向客户出售电钻。然而 Levitt 认为，顾客想购买的不是电钻，而是墙上的孔（Levitt，1972）。墙上的孔是客户想要完成的工作的一个示例。这反映了企业的商机：这是一个机会，通过以产品（如电钻）或服务（如木工）的形式提供解决方案，以给定的价格为客户创造价值。不同客户有不同的需求，因此他们确实想要完成不同的工作（Christensen，2012）。如果客户认为其他产品或服务可以做同样的工作，就会选择这些产品或服务，在替代品能以同样甚至更低的价格做同样或更好的工作时尤是如此（Johnson 等，2008）。

重要的是，客户的成本不仅仅是钱的问题，也与时间和精力成本有关（Christensen，2012）。商业模式创新的另一种可能性是：新企业或现有企业可以识别出目前尚未以令人满意的方式解决的问题。例如，在日常生活中，手机在很大程度上取代了数码相机的照相功能，主要原因在于它们为用户提供了一种简单易用的解决方案。即使公司有解决客户问题的价值主张，但要让客户和企业都满意，还有很长的路要走。下一个问题是如何随着时间的推移可靠地向客户交付价值，而不同企业的实现方式可能会有很大差异。

兑现您的承诺

价值交付是指为交付价值主张并为其支付报酬所需的最重要的资源、活动和合作伙伴的配置（Morris 等，2005）。简而言之，资源是企业拥有的一切，活动则是企业所做的一切。企业在拥有资源的同时依赖合作伙伴获取其他资源。例如，许多公司与研究机构合作以开发新技术，企业自己执行某些业务并外包或以协作项目的形式进行其他业务。再如，大多数银行购买 IT 服务并在此基础上构建其在线解决方案，而一些批发商则与行业内其他参与者合作进行联合物流。并非所有的资源、活动和合作伙伴都同样重要，因此在探究企业如何实现价值时，应该专注于最重要的事情。

关键资源（无论是有形资源、人力资源、财务资源还是智力资源）是为实现价值主张对客户承诺的必须投入。然而，仅仅拥有这些资源是不够的，企业必须利用这些资源来开展活动，使资源能够随着时间的推移而实现价值（Barney，2001）。因此，企业必须确保每次接待客户时不需要白费力气做重复工作。企业需要进行预算、客户服务、制造、培训、市场调查等经常性活动以维持正常运行。如果没有这些活动（包括商品或服务的生产及实现有效生产所需的支持职能），企业既不能成功实现价值主张，也无法从中获利（Johnson 等，2003）。

换句话说，向客户交付价值存在成本。因此，为了获利，提供给客户的解决方案的生产成本必须低于客户愿意为此支付的成本。然而，这需要企业设法通过有效的获利逻辑来获取价值。

因此，价值交付反映了企业创造、交付和获取价值所必须具备的战略和组织条件（Morris 等，2005；Teece，2010）。然而，企业不能仅凭自己的资源来完成所有这一切。为了交付价值，企业需要供应商和合作伙伴提供企业本身不拥有的资源或者开展企业自己无法开展的活动（Dyer 和 Singh，1998），也即合作伙伴可以为企业开启新的价值传递模式。

获取更大份额

由上述内容可知，价值主张是帮助客户以给定价格解决问题的产品，企业获得必要的资源并利用这些资源进行增值活动的成本很高，因此企业运作逻辑必须包括盈利逻辑（Johnson 等，2008）。企业如何通过给定的收入模型和成本结构盈利？产品价格和销售数量之间有什么关系？盈利能力的逻辑还包括更具体的衡量标准，如企业每笔交易必须赚多少钱，资源和库存必须以多快的速度周转才能达到预期的盈利水平。

企业如何获取价值已成为焦点话题，以至于各种支付模式都有自己的名字。Spotify 的主要支付模式是订阅服务，而 Spotify 使用的广告资助版本模式通常被称为"免费模式"。媒体业提供在线报纸已有一段时间，一些在线报纸开始以不同的方式收费。其中，客户必须支付所有费用的模式被称为"总支付"；"计量模式"指客户在特定时期内收到大量免费商品；"免费模式"则指向客户提供免费和付费内容的组合。

值得注意的是，这些名称仅揭示了企业实际上如何创造价值以及如何将价值交付给用户。两家采用总支付模式的报纸可为不同细分受众提供不同产品内容，并基于不同资源及活动以不同方式提供其价值主张。应该意识到，价值获取是公司运作方式的重要组成部分，即使它可能并不总是商业模式中最能说明问题的部分。

Würth、沃尔沃和劳斯莱斯等许多公司传统的商业模式为通过生产和销售产品来创收。然而近年来，更多公司选择通过向客户租赁产品来提供服务。企业通过"服务化""产品服务系统"或"产品即服务"的商业模式租赁产品而非销售产品（Jørgensen 和 Pedersen，2017；Scholl，2006），这意味着客户仍为实物产品付款，但这是一种服务（功能）而不是客户拥有所有权的产品（Bocken 等，2016），并且客户因此以其他方式进行支付，意味着盈利逻辑因价值主张的变化而改变。

顾客需求假设

很明显，iTunes 和 Spotify 的出现颠覆了音乐产业。任何商业模式都是基于价值命题，而价值命题又反映了有关客户需求的假设，当然此假设可对可错。成功的商业模式能够以顾客可接受的价格提供顾客所需商品，既能创造价值又能提供价值，使企业能够为自己和所有者获取价值（Kaplan，2012）。

同样，Facebook 和 Twitter 之类的社交媒体正试图超越传统的假设，即"客户想要一份报纸来呈现过去一天中最重要的新闻"，或者就此而言，最新的假设是"客户想要报纸上的网站""实时更新新闻的报纸"。

我们以音乐产业的商业模式为例，其反映了三种有关客户希望解决哪种问题的假设（见表 5-1）。此外，由于数字音乐服务的迅猛发展，许多不同行业从业者也受到影响。例如，当越来越多的人在个人电脑或车载音响上使用 Spotify 服务时，无线电台争夺同样的用户关注就变得更加困难。

表 5-1　各种音乐服务的商业模式

	唱片商店	iTunes	Spotify 公司
创造价值	通过实体音乐产品所有权换取每笔支付	通过数字音乐文件所有权换取每笔支付	通过流媒体数字音乐文件换取每月订阅费，或通过嵌入在服务中的广告换取资金
传递价值	商店、有能力的员工、供应商合同、销售、营销等	数字平台，与唱片公司、软件开发商、在线商店等签订合同	数字平台，与唱片公司和广告商、软件开发商、在线记者等等签订合同
获取价值	客户为实体音乐产品付款，商店有采购、库存和员工等相关成本	客户按下载的音乐文件付费，公司有运营、合同等相关成本	客户支付月租费或者使用有广告版本。公司有支付音乐版权和平台运营等相关成本

　　新的商业模式不断基于有关客户真正需求的新假设而出现（Christensen，2012）。在这种情况下，传统经营者很快就会失去消费者群体。这足以令人回忆起低价数码相机市场经历的一切：苹果公司及其他生产商在 iPhone 和其他智能手机中集成良好的相机功能，佳能和柯达等公司成为该商业模式创新的"受害者"。这涉及有关客户需求的新假设、提供价值的新方法或通过新的支付模式向客户收取价值的新方法。在这种情况下，毫无举措可能会带来灾难性的影响，因此企业有必要重新设计商业模式以应对竞争。对比佳能的困境，富士胶片公司的案例是有启发性的：当意识到数字化将改变摄影、相机和胶片行业时，该公司将其业务重新定位为更广泛的成像相关业务，并成功进入医学成像、信息技术等领域的新市场（Inagaki 和 Osawa，2012），从而避免像其竞争对手一样面临倒闭。

　　我们尚未听到音乐界的绝唱。然而，该行业的诸多创新意味着老牌巨头可能即将倒下，新的参与者将进入舞台，并通过新的产品和服务、新的技术和新的支付模式超越现有解决方案。音乐行业和许多其他行业的公司面临的挑战是在别人让他们变成"多余"之前进行自我改造。

5.2　重新设计商业模式

斯坦福大学是硅谷许多最成功的科技公司的摇篮，而知名度相对较低的挪威卑尔根大学也缔造出许多成功的企业。

1997年，挪威首位女性天气预报主持人 Siri M. Kalvig 用几千美元的初始资金建立了暴风雨天气中心。2014年，瑞典私募股权公司 EQT 以约2亿美元的价格收购了已更名为 StormGeo 的该公司。

StormGeo 何以实现如此巨大的增长？答案可能是，Kalvig 及其同事重新设计了公司经营内容，在预报天气的基础上发展为也报告天气的影响后果。StormGeo 长期以来一直为电视、报纸和数字平台提供气象服务，然而在重新定义服务后，该公司获得了新的商机（Jørgensen 和 Pedersen，2015）。

海洋也是该公司的专业领域：StormGeo 开发了一系列相关服务出售给航运、近海和油气行业的公司。这些公司高度依赖天气，需要及时可靠的信息以了解其运营将受到何种天气影响。StormGeo 提供决策支持系统使这些公司保持天气敏感度。例如，StormGeo 的某项服务可以帮助航运公司选择航线，从而利用洋流的力量减少燃料消耗和环境生态足迹。StormGeo 的所有服务都源于其最初的天气预报服务，管理者通过重新考虑资源的其他使用方式实现绿色创新并以此获利，从而对企业的商业模式进行了全面的重新设计。

StormGeo 在世界各地都有办事处和顾客，其顾客的共同特点是他们需要了解天气变化的影响。作为一家提供常规天气预报的公司，StormGeo 重新讲述了它将向谁提供什么、如何做到这一点以及如何向客户收取服务费用的故事，成为发现可持续发展问题内在可能性并相应调整其商业模式的企业典型。长期以来，Kalvig 一直是应对气候变化的先锋，她表示

StormGeo 的商业模式创新部分是出于为解决气候问题做出贡献，同时也抓住了其中的机遇。

商业模式创新

创新包括更新、新颖性和变化，我们通常将其视为一个积极的概念。创新不仅涉及新产品和服务，还涉及商业模式的创新（Chesbrough 和 Rosenbloom，2002），即企业创造、交付和获取价值的方式发生变化。这意味着创新可以与商业模式的所有三个组成部分联系起来：首先，创新可以是提供新价值类型的价值主张；其次，创新与价值传递有关，如资源的创新使用、单独或与他人合作进行增值活动的设计；最后，创新可以与价值获取相关联，如创新的支付模式等。

正如熊彼特于 1911 年所指出的，创新的新颖程度各不相同。Zott 和 Amit（2007）认为，不同程度的商业模式创新的设计效率或新颖性不同，且可以此区分渐进式创新和激进式创新（Ettlie 等，1984；Dewar 和 Dutton，1986）。激进式创新往往更受关注，但研究表明大多数创新实际上是渐进式的：渐进的变化是逐渐发生的，而激进的变化则意味着与现有解决方案的突然决裂。

颠覆性创新是一种备受争议的激进创新（Christensen，2012），指的是与现有产品或服务完全不同的，更简单、更便宜的新产品或服务（Johnson 等，2008）。这意味着为更多的人提供技术或新的解决方案，这种创新往往会颠覆市场，典型例子有移动相机对更昂贵、更先进的数码相机市场的干扰：第一批移动相机质量差强人意但更容易使用，因此，随着质量的逐步提高，它们完全占领了大众摄影市场。

在谈到商业模式创新时，人们通常会立即想到这样的根本性变化，即新的或已建立的企业通过改变价值创造、交付和获取方式来改变行业的游戏规则。Spotify 进入音乐行业就是一个很好的例子。Spotify 关于顾客需求的假设与现有假设大有差异。重要的是，新的假设基于"所有权并不重要"，客户可以通过每月支付订阅费或选择有广告版本来访问流媒体服务。因此，Spotify 还必须证明它可以解决广告投放客户的问题，毕竟广告收入可以为其部分业务提供资金。

Spotify 的价值主张是新颖的，它要求企业设法说服不同的利益相关者（消费者、唱片公司和艺术家等）相信其解决方案是有吸引力且有用的。与以前的音乐发行商相比，Spotify 还需要获取不同类型的资源并执行不同类型的增值活动。同时，Spotify 的商业模式创造了一种获取价值的新方式——一种新的支付模式。总体而言，Spotify 的商业模式创新带来了全新的思维方式并挑战了业内游戏规则。

中断还是灭亡？

用 Kaplan（2012）的话来说，那些不及时进行创新和变革的公司有可能陷入"网络混乱"。同样，人们也经常提到各种市场的"优步化"：以娱乐业和出租车业为代表的激进变革似乎已经引起了所有行业的担忧，下一个激进创新即将到来。

Netflix 以提供电视和电影流媒体而闻名于世，该公司成立于 20 世纪90 年代末，最初是一家为客户提供在线 DVD 租赁服务的公司。当时，去售货亭租电影是很常见的事情，Netflix 的一位创始人被要求支付滞纳金后建立了该公司。后来，Netflix 还推出了基于在线电影和电视节目流的服务。

Netflix 的成功导致了租赁巨头 Blockbuster 的破产。Blockbuster 因无法自我更新而成为 Netflix 创新服务的牺牲品。为了生存和发展，企业需要改变它们运作逻辑，并通过改变其创造、交付和获取价值的方式来做到这一点。Blockbuster 无法适应从传统租赁商店到在线租赁提供商再到在线流媒体的转变。令人唏嘘的是，Blockbuster 曾在 2000 年初受邀以 5000 万美元的价格收购 Netflix，然而它从未意识到 Netflix 新商业模式的潜力并拒绝了这项提议。十年后，Netflix 的市值接近 200 亿美元。

创新领域研究人员 Clayton Christensen 认为，老牌企业最擅长进行使产品尽可能复杂和尽可能出色的渐进式创新（Christensen，2012），然而产品的先进性导致价格的升高，这为市场新进入者创造了机会：他们可以用更便宜、更简单的产品或服务获取新的客户群体。例如，计算机行业中各大企业竞相争取更大存储空间，PC 的存储和功能越来越强大。然而令人惊讶的是，市场上出现了生产较小存储容量的小型便携式计算机的新进入者，由于传统计算机企业专注于改造现存版本的渐进式创新，这些新产品收获了老牌企业未能注意到的客户群体。

传统企业被"营销近视"所困扰，忙于经营现有业务而无法满足顾客需求以致无法产生颠覆性创新（Levitt，1960）。想要成功创新就必须摆脱阻碍新想法和新解决方案的思维定式。换言之，如果不将注意力从改进产品转移到解决客户需求上，就无法进行成功的颠覆性创新。顾客需要的是真正的"墙上的孔"，如果竞争对手的产品或服务能够帮助客户以更便宜、更容易的方式解决问题，那么精益求精的产品改进毫无用处。

音乐行业一个长期的既定事实是，无论是 CD 还是 MP3 文件，客户都希望拥有产品。然而 Spotify 证明，对于大多数客户来说通过流媒体服务访问音乐已经足够。流媒体音乐音质稍差、音乐创作者报酬较低、使用免费版本服务的客户无法避免广告，然而越来越多消费者转向这种服务，Spotify 为消费者提供了具有吸引力且价格合适的服务，甚至在很大程度上成功地驱逐了非法在线音乐共享。不过该公司仍在继续调整其商业模式以努力实现盈利（Hufford，2017）。

StormGeo 对其商业模式的重新设计略有不同。Kalvig 和她的同事发现他们现有的资源可以用来解决更多问题，因此该公司能够提供更盈利的服务。StormGeo 重新制定了企业价值主张并重新设计了组织，使其能够吸引新用户并为之提供这些服务。

企业内部创新和外部创新与企业家精神的概念紧密相关。企业家愿意承担风险并经常通过质疑和试验从积极的角度打破规则（Christensen，2012）。一些企业家甚至设法开发全新但往往具有破坏性的商业模式。即使在传统企业中也有内部企业家找到重新组织企业的新方法，以便改写企业的故事。

有人说，"组织作为运动而生，作为制度而死"。可以将运动理解为企业生存和成长的基本前提。与大多数其他行业一样，音乐行业中的新思想和商业模式也挑战着旧文化，那些不想被"Netfiixed"的企业需要审视自己应该如何改变，以防别人使其变得多余。停滞不前不是一种选择，未来企业将不得不越来越频繁地重新设计其商业模式。值得注意的是，改变需要试验，这也是下一章的主题。

6
试验而非转变

重新设计商业模式并非一朝一夕即可完成，明智的做法是不要一味冒险。为了成功进行商业模式设计，企业需要对其商业模式进行有控制的试验，以发现什么有效以及为什么有效，以此增加商业模式最终在整个市场上实施时成功的可能性（见图6-1）。

图6-1 试验而非转变

6.1 盈利的学问

想象一下，如果动能驱动的泛光灯照亮全世界贫困地区的足球场，这可能意味着孩子在球场上跑、跳、跨步和铲球时迈出的每一步都会产生电力来照亮球场。那岂不是很好？

如果你对这个问题的回答是肯定的，你可以为这已经成为现实而感到高兴。目前已有两个这样的球场，一个位于里约热内卢的贫民窟 Morro da Mineira 的中心，另一个位于尼日利亚拉各斯。能源公司壳牌和技术公司 Pavegen 合作进行该项目。Pavegen 的动能砖位于草皮下方，有人踩踏时就会发电。以前，这些球场在天黑后基本上无法使用，孩子们只能冒风险在治安不佳的街上玩耍。该项目确实创造了"光明面"：既可以通过绿色能源为球场上的灯提供电力，又可以照亮球场周围的街道。通过这种方式，上述企业试验了替代能源生产的具体的解决方案。

壳牌不太可能在短时间内完全实现向可再生能源的转变，足球运动员在动能砖上奔跑也无法解决我们未来的能源需求。然而，许多类似的解决方案在陆续涌现，如美国 66 号公路沿线的新太阳能瓷砖覆盖人行道可使路面发电。壳牌和其他能源公司正在寻找能够满足日益增长的能源需求的新能源和可再生能源。因此，大型企业也将与 Pavegen 等小型公司合作，通过这种创新解决方案进行试验。也许它们最终会找到可以扩大规模并促进能源市场可持续创新的解决方案。

不要把所有的鸡蛋放在同一个篮子里

各个行业和国家/地区的企业都在进行商业模式创新以提高其可持续性。这包括产品、服务、流程和整个商业模式的创新。商业模式的设计和创新面临挑战，也许最好将其描述为商业模式实验（Chesbrough，2010；Foss 和 Saebi，2017）。我们经常把商业模式的创新比作开车时更换车胎：在更换车胎时一次只改变一个轮子是明智的。商业模式创新也是如此，彻底和突然的转变可能会出错，因而非常具有破坏性。

Netflix 通常被视为商业模式创新的榜样，而 Netflix 也吸取到"商业模式创新的成功需要试验而非转变"的经验。2011 年，Netflix 推出了并行流媒体服务和 DVD 在线租赁服务，合并服务的订阅费用为 10 美元，Netflix 在将其提高到 16 美元的同时也为客户提供了花费 8 美元选择单项服务的机会。然而，Netflix 宣布价格变动时立即遭到了顾客的投诉，甚至不得不雇用新的服务人员来处理投诉。不仅如此，公司股价也在短时间内下跌了 51%。

然而，坏消息远未结束。为了应对危机，公司采取了另一项重大举措：Netflix 宣布将把公司拆分为两个实体：流媒体服务将继续作为 Netflix 的主营业务，而一家名为 Qwikster 的衍生公司将管理 DVD 租赁。客户变得更加愤怒并迅速做出反应，Netflix 只能迅速放弃拆分公司的计划。

正如著名实验经济学家 John List 和 Uri Gneezy（2014）所指出的，Netflix 的定价失误从根本上说是因为它在进行两次转变的同时把所有的鸡蛋放在了同一个篮子里。事实证明，这些变化是基于对客户需求的错误假设，整个故事本质上是对企业自我伤害的研究。重要的是，为什么 Netflix 不以可控的方式尝试其定价模式？它本可以只在部分市场（如得克萨斯州或佛罗里达州）测试新模式并研究新变化带来的影响，如果分析表明该改变是成功的再在其余市场中实施该模式。

Netflix 在 2011 年克服了定价问题，其 DVD 租赁服务和流媒体服务在美国市场仍然并存。2011 年后 Netflix 的股价一涨再涨。但是在上述期间，公司蒙受了大笔不必要的损失。谁也不知道，如果该公司以可控的方式试验其定价模式而不是进行不起作用的扭亏为盈，股价和公司声誉又会如何。

IBM 通常被视为业务模型试验的先驱，而创新学者 Clayton Christensen 则认为，在允许试验方面（试验允许试错），IBM 公司是一种榜样。IBM 已多次改变其价值主张：从大型计算机到结构更紧凑的计算机，再从笔记本电脑到信息系统和其他基于数据的服务。企业每次进行这样的创新时都会将新的业务部门放置在新的地点：纽约州波基普西市、明尼苏达州罗切斯特、佛罗里达州的博卡拉顿和纽约市的纳利。通过这种方式，企业为新业务部门的试验创造了空间和自由。新解决方案的开发人员可以进行不受干扰的试验并开发新产品和服务。IBM 已经多次成功地用可控方式实现根本性的创新，改写了自己的历史。然而，谁会知道这家公司下一步将走向何方，将提供什么呢？

大大小小的变化

试验可以导致商业模式的重大转变和微小改变。人们谈到创新时更容易想到大而全面的变化。近年来颠覆性创新得到热议，几乎所有的企业都被认为是彻底创新的。考虑到地球人口已突破社会和环境边界，学术界和其他人呼吁进行根本性的变革和技术，从而使商业发生翻天覆地的变化。许多人认为我们需要一个新的"登月计划"——一个企业和社会可以努力实现的宏伟目标。在气候问题方面要求采取这种雄心勃勃的行动的呼声尤为普遍。

此类突破性创新非常重要，我们有理由期待，人类出行方式将在不久的将来彻底改变。企业将找到新的能源，找到更多可持续的肉食替代品甚至帮助解决贫困问题（Elkington 和 Zeitz，2014）。然而更重要的是，普通企业不要因为未从事这种激进创新而灰心。实际上，大多数创新都是渐进式的，并不是所有可持续的商业模式都需要与现有商业模式完全不同。

尽管激进的创新最受关注，但通常已经实施的创新的改进和推广才是最有效的（Christensen，2013）。电动汽车的最初问世是一项激进的创新，但随后电池容量和生产方法的逐步改进对于释放该技术对社会和环境的影响至关重要。当然，大规模实施的激进变革也会产生重大影响。例如，3D 打印可以减少对运输和相关排放的需求，并使得大型企业大规模用可再生能源取代化石燃料。无论是渐进式创新还是激进式创新，都能为社会和环境创造可观价值。

如果不想削减现有的分支机构，就要求企业改变其商业模式以产生巨大的综合效应。一些企业可以进行小的调整以提高可扩展性，而另一些企业则需要对其商业模式进行重大更改以使其生态足迹具有可比性。影响的大小取决于衡量标准：如果想影响"金字塔"底层人们的生活或者使移民更好地融入社会，那么接受援助的人数和获得帮助的程度便是衡量成功的标准；如果目标是减少二氧化碳排放，则需要对有害物质和其他排放物进行衡量。

在 Pavegen 的动能砖上奔跑并不能照亮未来都市，该项目对 Pavegen 和壳牌的最大价值也许在于它可以作为能源行业商业模式试验的一个实例。然而，Pavegen 和壳牌目前正在巴西贫民区测试的技术必须与其他竞争对手和互补技术结合起来，这些技术有助于改变能源的生成、储存和分配方式。当巴西的孩子们在足球场上跑来跑去发电时，许多企业利用各种能源生产技术促成了同样的转变：Scatec Solar 在非洲建造太阳能公园；Bright Products 为世界贫困地区开发太阳能电池板和房屋系统；Otovo Solar 将太阳能电池板安装在客户的屋顶上；Langlee Wave Power 建造了利用波浪能的系统；Statkraft 安装了越来越多的风力涡轮机。所有这些变化的总和对能源生产和消费的绿色转型具有重要意义。

为了成功实现向可持续业务的过渡，我们既需要进行重大的根本性转变，又需要在正确的方向上进行许多小的转变。就像足球场的例子一样，我们需要市场中的各个参与者一起进行试验，从而创造一个创新的生态系统。可持续的商业需要大规模的创新，但必要的步骤是在新市场和现有市场中测试想法（Bocken 等，2017）。这强调了可控试验的必要性。

6.2 提出正确的问题

"我不明白为什么投资者会想要这些信息。他们投资储蓄时为什么要关心环境？"

在了解 Lars Jacob 和他的同事 Trond Døskeland 在挪威银行启动共同基金道德标签制度期间进行的大型现场试验之后，一位意大利金融教授提出了这个问题。挪威银行开发了该制度，旨在为个人投资者提供有关其投资机会的可操作非财务信息。两位研究人员与银行合作进行了一项大规模试验，以研究标签制度如何影响个人投资者的投资行为。

标签系统于 2011 年启动，将银行的共同基金分为四类："红色基金"是存在较大问题的基金，如投资武器生产公司和在高度腐败的市场中经营的公司；"中性基金"是道德上既无问题又表现不突出的基金；"绿色基金"分为两个等级，分别包含积极避免对有道德问题的企业进行投资的基金和积极寻求对负责任的公司进行投资的基金。当挪威银行的客户查看该银行发行的可用共同基金概览时，所有基金都标有反映四个类别之一的符号，从而方便客户区分不同道德的共同基金。

挪威银行通过这种方式使客户能够评估共同基金的道德性，这是对客户的新服务，或者至少是对现有服务的扩展。然而，对于顾客对这类信息的兴趣程度、如何使信息在顾客进行购买决策时有效发挥作用，人们所知甚少。为了获得这方面的知识，Lars Jacob 和 Trond 与银行管理层一起设计了一个大型实地试验。他们研究了 14 万名个人投资者的行为，构建了三个对比实验组并控制每组顾客收到的信息：第一组收到财务标签架信息；第二组收到强调基金道德特征的信息；第三组没有收到标签制度的信息。这使得调查哪些信息使投资者更有可能在其投资决策中使用道德标签制度中的信息成为可能（Døskeland 和 Pedersen，2015，2017）。基于此，挪威银行可以调节其标签系统以适应所有客户。

挪威银行本可以同时对所有客户使用新系统。然而，在利用一个月的时间对不同顾客组测试不同的版本后，挪威银行获得了关于投资者如何应对和使用该系统的宝贵知识。这些知识反过来可以用于道德标签制度的实施，该制度导致客户投资行为的变化，从而将投资转向更绿色的方向（Døskeland 和 Pedersen，2016）。

实践中的实验

从新产品和服务原型的设计和测试到新市场、新商业模式的实验可以采取多种形式（Chesbrough，2007），且可与我们先前介绍的商业模式的三个组成部分中的每一个相关联。如图 6-2 所示，可以提出一系列问题作为与每个部分相关的实验的起点。

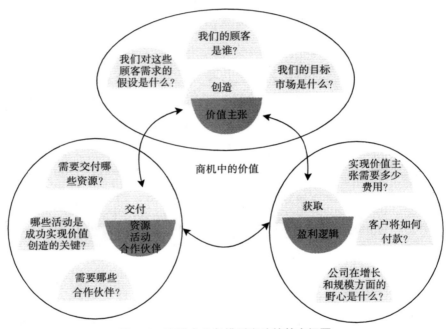

图 6-2　实践中业务模型实验的基本问题

关于价值主张，至少有三个基本问题必须回答并且可以为实验提供基础：我们的顾客是谁？我们的目标市场是什么？我们对这些顾客需求的假设是什么？这对我们设计产品或服务来为客户创造价值意味着什么（Morris 等，2005）？挪威银行开发出道德标签系统时并不清楚是普通个人投资者会从中受益，还是道德意识投资者的特定利基市场才是真正的目标群体。研究表明，该系统确实改变了客户的投资行为，这意味着该服务比预期效果更佳。然而，如何设计此类服务并将其传达给客户是使用它的关键，因此，有必要对服务的工作方式和使用方式进行控制性试验。

我们可以用类似的问题来探索价值交付：为保持与价值主张的一致性，需要交付哪些资源？这些资源又如何使用？哪些活动是成功实现价值创造的关键，可以解决哪些问题？哪些合作伙伴对于价值传递至关重要？基于相同的合作还有哪些创造价值的可能性（Chesbrough，2010；Adner，2006）？有的企业尝试基于现有资源开发新服务：先前我们已经展示了 StormGeo 如何利用现有知识和气象数据为其他市场领域开发新服务；而亚马逊基于其技术平台开发了一系列创新服务，这使其从单纯的在线商店发展为存储、云服务、研究等领域的多种服务提供商（Brandt，2011；Osterwalder 和 Pigneur，2010）。

最后，我们可以提出与价值获取有关的问题，这些问题可以为有关收入流、支付模式、成本结构等的试验思考提供参考。客户将如何付款？实现价值主张需要多少费用？企业在增长和规模方面的野心是什么？在市场上要占据什么位置（Morris 等，2005）？这是进行试验的"沃土"，至少在支付模式方面是如此。在过去的十年中出现了许多新的支付模式，包括各种流服务、共享经济商业模式和在产品使用期间分期付款的即付即用解决方案（PAYG）等（Guajardo，2016）。寻找吸引客户的支付模式可能会成为吸引新客户的关键，这在所谓的"金字塔"底层即在市场购买力很低以至于大批客户无法负担基本产品和服务的市场尤其明显，如非洲和亚洲的部分地区（Prahalad，2012）。在这些市场中，新的支付模式的出现使我们有可能获取那些本来买不起太阳能锅、炉灶等产品的消费者市场。

所有这些问题与可持续性本身都没有直接关系，但对于那些致力于开展可持续业务的企业来说，这些问题至关重要。创建可持续且有利可图的商业模式就必须对不同市场中的不同客户以及提供和获取价值的不同方式进行试验。根据我们的经验，企业越来越愿意尝试全新的商业模式并对现有的商业模式做出改变。我们在许多行业中都看到了这一点，为了获得成功，企业回到绘图板上，从我们在这里概述的问题开始。

在迈向可持续商业的道路上，我们目前的许多解决方案、技术以及生产和消费模式都可能会遭到破坏并被新的解决方案取代。什么样的产品和服务能解决我们的问题，企业将如何提供这些产品和服务以及它们将如何制造这些产品和服务还有待观察。然而，当汽车在行驶状态下需要更换所有四个车轮时，这意味着企业将不得不系统地试验前进方向。我们已经看到，Levis 使用首批 100% 再生牛仔布进行试验；诸如 Marine Harvest 之类的水产养殖巨头投资封闭式水箱或陆地设施中的鱼类养殖；Otovo Solar 等公司承担了在人们房屋上增加太阳能电池板的成本，而这些人反过来又为获取所产生的电能支付费用，并且人们可以向邻居出售多余的能源来降低家庭购电成本。企业需要这种类型的受控试验以逐步朝可持续发展的正确方向迈进。在下一章中，我们将展示服务如何在此进程中发挥重要作用。

7

服务逻辑而非产品逻辑

企业不一定要通过实物产品来为客户提供服务。企业可以采用服务逻辑来促进可持续商业，这意味着共享服务、流媒体服务及类似租赁的支付模式都要考虑所有权的访问权（见图 7-1）。通过建立基于服务逻辑的商业模式，企业可以提高产能利用率，减少资源浪费。

图 7-1　服务逻辑而非产品逻辑

7.1　为您服务

每次苹果公司发布新的 iPhone，人们都会把旧手机摔到地上或扔进海里。因此，iPhone 用户的保险索赔每次都在新机型发布前几天激增。

当然，人们通过这种方式给了自己一个购买最新机型的理由，苹果公司显然也乐于销售更多新手机。但与此同时，苹果公司发现新手机原材料的获取越来越困难，而旧手机中含有大量可重复使用却被浪费的资源，如在挪威旧手机回收率不足 30%。

几年前，苹果公司推出了日后被许多运营商效仿的"iPhone 升级程序"，使用户可以支付每月订阅费以随时使用最新一代的 iPhone。苹果公司从而将销售手机给客户的基于所有权的商业模式转变为基于访问和功能的新商业模式。此外，该商业模式还允许公司回收旧设备，按原样或以翻新的形式再次出租或在生产中重新使用组件。新的商业模式在很大程度上为苹果的 iphone "锁定"了目标客户。从盈利的角度来看这也是有益的（Dhebar，2016）。苹果通过在其商业模式中引入服务逻辑代替更传统的产品逻辑来获取这些优势（Lusch 和 Vargo，2012）。苹果正在改变其创造、交付和获取价值的方式。其理念是，用户因无须购买新设备即可轻松访问最新型号而提高了满意度。

苹果公司将 iPhone 产品变成了一项服务：随时付费使用最新的 iPhone 机型。反过来，苹果也可以将回收的旧设备再次出租、翻新或重新使用组件。

与前几代 iPhone 不同，新款 iPhone 机型的设计方式使其方便拆卸及再利用。这些设备中包含金、铅和铂等宝贵的资源，苹果公司更为此开发了可有效拆卸旧设备的机器人。2014 年，苹果共收获 40000 吨电子垃圾，回收范围也不断扩大。苹果公司的新业务模式显然受到了循环经济的启发（这是下一章的主题），建立了从产品逻辑转变为服务逻辑的循环模式（Bocken 等，2014，2016）。

服务逻辑的含义

近年来，学者和管理者越发重视服务经济。服务业在很大程度上主导着工业化国家的经济价值创造，事实上，这些国家更应被定义为服务经济体而非工业经济体（世界银行，2015）。在如何建立可盈利、基于服务的商业模式方面，人们仍然缺乏了解（Kastalli 和 Van Looy，2013；

Baines 等，2009）。本书所指的服务，不仅是传统意义上的服务提供者，而且是包括智能手机、汽车和服装等产品如何被理解为服务，即强调交付给客户的任何东西都是一种可以帮助客户解决问题的服务，即使需要通过实体产品来完成（Lusch 和 Vargo，2012；Bocken 等，2014）。

产品转变为服务的成功案例有 iPhone 升级计划和 Filippa K 的时尚服装租赁共享经济模式等。实体产品销售企业也可以应用服务逻辑，通过提供附加服务来增加其价值创造。许多企业希望出售更坚固耐用的可修复产品，但该做法会使产品销量降低，因而有降低盈利能力的风险。为了保持盈利，企业必须向客户出售其他服务来弥补收入（Mont，2002；Tukker，2004）。因此，苹果公司在开发以服务为主的商业模式方面并非孤军奋战。

例如，劳斯莱斯提供的飞机发动机等是服务而非产品（Ng 等，2012），公司始终保留产品所有权并随时为客户提供发动机维护服务：客户在合同期内支付发动机运转费用，而劳斯莱斯负责维持发动机的运转。上述变化需要新的商业模式支撑，而基于服务的商业模式面临盈利能力的挑战，该商业模式要求劳斯莱斯持续提供这种价值主张所带来的必要服务，这需要完全不同的资源和能力，意味着企业必须以不同于传统销售交易的方式来获取价值。

服务逻辑下的共享经济

本书下一章将探讨循环经济，其中一个基本思想为"垃圾是放错地方的资源？"（Stahel，2016），然而很多资源在成为垃圾之前就已放错了地方。例如，每台电钻平均使用寿命只有 13 分钟；汽车平均每天静止 23 小时；许多住房、公寓和房间也被空置。这些电钻、汽车和房间以及类似的多余资源通常被称为"结构性废物"。这是一种新的浪费形式，即这些资源闲置但有价值。因此，如果我们能更有效地利用已经存在的物品，就能够避免因生产更多类似物品而造成的能源和资源浪费（McDonough 和

Braungart，2002）。

这正是近年来席卷全球的共享经济的出发点（Belk，2014；Botsman
和 Rogers，2010）。人们共享资源已经很常见，尤其是在美国，汽车共享
早已司空见惯。然而近年来，新技术解决方案的发展使此类服务供应激
增（Sundarajan，2013），涌现出无数技术平台或应用程序向行业已有参与
者发起挑战。例如，与出租车竞争的 Uber，与酒店竞争的 Airbnb，以及
线上销售小众产品的 eBay。

上述共享经济服务的显著特征是能够有效地将拥有过剩资源的人和
需要使用这些资源并愿意为此支付报酬的人聚集起来（Gansky，2010；
Stephany，2015）。高效共享经济的一个重要前提是交易各方之间的信任
（Walter，2017）。信任问题一般通过交易后的交易伙伴打分或评估机制来
解决，评估能够帮助用户识别出可以信任的人和应该避开的人。随着更
多的人使用此类服务，交易成本也逐渐降低。共享服务充当了将有空闲
资源和想使用这些资源的人联系起来的第三方实体，从而创造出一个市
场，在该市场中消费者通过访问资源进行消费，而无须所有消费者都拥
有资源。

几乎每个与共享资源相关的商机都衍生出与之匹配的应用程序，如
Tise 促进了时尚服装的重复使用；TimeRepublik 允许人们与他人共享时
间；而 Shyp 将有运输需求的客户与拥有可用车辆的客户联系起来。这些
在线平台帮助人们使用原本无法得到的资源。

共享经济蓬勃发展的同时也引起诸多争议，尤其是与此类服务相关
的工人权利和税收问题（Sundararajan，2016）。例如，Uber 在劳动法方面
备受关注，Airbnb 因其服务影响到人口稠密城市地区的房价而受到批评。
因此，共享经济的社会生态足迹并不明确，但允许更多的人使用相同的
资源显然是对环境有益的消费方式。想要实现合适的共享，此类市场需
要与其他市场同样的监管。共享经济迅速发展的同时立法工作滞后，这
意味着旨在创建共享平台的企业必须意识到潜在的负面影响。

然而，共享经济不仅仅有社会副作用，至少从全球的角度来看，这些商业模式具有巨大的潜力。共享服务在欧洲和美国最为普遍，也开始在世界较贫穷的地区站稳脚跟（Karnani，2007）。在这些市场上，人们对自己买不起的产品有巨大需求，改善这种情况的服务示例是 Hello Tractor，它使发展中国家的农民能够使用拖拉机。利用一个基于 SMS 的简单系统，农民便可以租用能显著提高生产力的设备，而不必投资昂贵且显然会长期闲置的拖拉机。因此，共享服务也可以产生积极的社会影响，至少在"金字塔"底层市场尤其如此。

7.2　连通一切

鲜有人知地球上仍有将近 12 亿人无电可用，而全球范围内能够使用手机的人数多于使用厕所的人数。2011 年，Kristian Bye 和 Marius Andresen 受此启发创立了 Bright Products 公司，试图将 K8 工业设计公司设计的太阳能灯"SunBell"推向市场。这种灯不仅可以提供照明，还可以用来给手机充电，并且可以安装和调整以适应多种不同用途。2013 年 Bright Products 开发出第一款 SunBell 后，Sveinung 会见了该公司创始人并很快主导基金会对其进行投资，从而加入了董事会。

Bright Prodcuts 较早地引起了联合国的关注，如今联合国是该公司的最大客户，而 SunBell 仍然是其主要产品。目前，该公司已经开发出更多的产品和服务，可以解决其目标市场中的更多问题。"金字塔"底层的人们对一些通常无法负担或无法获得的重要产品和服务有很大需求（Prahalad，2012），这包括金融服务、医疗保健、电力和教育等。手机的普及让穷人能够获得以前触不可及的服务，因为银行和金融、电力、健康、娱乐及教育等领域的服务都越来越容易通过便于访问的数字平台获得（Karamchandani 等，2011）。这也为那些想在"金字塔"底层市场站稳脚跟的企业提供了新的机会。因此，在 CEO Ingun Berget 的带领下，Bright Products 与硅谷 Angaza Design 公司合作，利用其基于移动技术的设计实现客户的分期付款，即所谓的即付即用（PAYG）支付模式，这种模式在非洲和亚洲市场越来越流行（Guajardo，2016）。

PAYG 模式可以帮助 Bright Products 进入目标市场，该市场中的潜在客户最初没有能力全价购买商品，这些客户每天在煤油、煤炭、手机充电桩等产品和服务上花费 2~3 美元，却仍然没有足够的钱购买价格在 50~200 美元的优质产品，这些产品会在相对较短的时间内为他们带来回报。

Bright Products 重新设计了其商业模式，并在这些市场上测试各种服务和支付模式。该公司还通过改变产品设计、生产流程和废物管理等来改善环境绩效以及开发基于租赁而非销售的商业模式。Bright 无法只靠自己的力量实现这些变革，微型金融机构、分销商、技术解决方案供应商和设计师等都是 Bright Products 在该过程中的联盟伙伴。这背后的一个关键驱动因素是服务逻辑，即不能从企业提供产品的角度去思考，而是强调其产品如何为客户增加经验价值。这意味着 Bright Products 从一家太阳能灯和充电宝销售公司发展成为一家提供能源及其他相关服务的公司。

从服务中获取利润

我们越来越把通过智能手机获得服务视为理所当然，然而变化是在很短时间内发生的。例如，15 年前，大多数办公室都有传真机、书籍、计算器、图画、文具和各种日历。其中一些产品仍然存在，但越来越面临来自软件和智能手机应用程序的竞争。数字（和模拟）服务代替实体产品的过程被称为服务化（Kastalli 和 Van Looy，2013）。这种情况在各个层面都有发生，办公桌上的实体日历现在已成为手机上的应用程序；以前自购车辆以供使用的企业，现在都通过应用平台租借车队。

以这种方式将服务逻辑应用于产品可以使人们最终总体上拥有更少的东西，从可持续性的角度来看这显然是有利的。当通过 Skype 召开会议、用 3D 打印机在需要的时间和地点打印产品而不是在低成本国家/地区生产并国际运输时，对运输的需求也会减少。同样，数字服务代替实体产品将减少浪费，尽管我们不应低估支持所有在线业务的服务器场的生态足迹（Le 等，2010）。人们越来越习惯用网上购物替代在需要大量库存的实体店购物。此外，越来越多有助于更好地开发企业资源的商业模式正在出现，如在斯堪的纳维亚市场上促进了居民之间交易的 Too Good to Go：客户可以通过该应用程序购买那些原本会被餐馆和咖啡馆扔掉的剩余食物。

现在，许多曾经需要面对面进行的服务已经实现自动化或数字化，因为许多情况下，消费者已经变成了生产者——消费者参与生产（或共同创造）企业提供的产品和服务（Toer，1981）。例如，旅客在网上购买机票，自己寄存行李，登机前扫描登机牌。航空公司将大量工作转交给客户，不仅降低了成本，而且可以对外宣传航空公司旅行体验的高效率。消费者组装宜家家具时也充当了生产者的角色——组装家具本应是家具公司的工作。许多应用程序都是供人免费使用的，如手机地图以及线上交流服务。因此，提供此类服务的实体版本的公司必须重新考量其价值主张，而提供免费服务的公司必须开发能够以其他方式获取价值的商业模式（Anderson，2009）。价值捕获策略的例子包括将广告整合到服务中，或将客户的数据出售给使用此类数据的企业。

互联网渗透生活

总体而言，技术（尤其是互联网技术）是基于服务逻辑的商业模式出现的重要条件。从基于产品到基于服务，Bright Products 的发展与技术进步息息相关。Elon Musk 表示，希望向天空发射 4000 颗卫星，从而实现在全球范围内提供 WiFi 接入。在这种情况下，物联网将变得更加普及和重要。物联网是由具有内置电子设备、软件、传感器和网络连接的物理对象组成的网络，使这些对象能够收集和交换数据。基于大数据、机器学习和人工智能，此类应用程序能够了解客户需求并自定义其提供的服务。这意味着冰箱可以通知人们牛奶什么时候变酸、照明灯可以按人的生活习惯进行调整。这种系统还可以通过各种应用程序进行远程控制，因此可以利用实时大数据获取信息。最终，此类系统将支持更智能的决策，这些决策不断自我增强，因为它们在使用时会不断学习。

例如，当美国公路上行驶的特斯拉汽车出现后轴过低的问题时，工程师们按下特斯拉总部电脑上的一个按钮就可以解决该问题。下次特斯拉车主发动他们的汽车时，汽车并不需要被召回就可以自动升起必要高度。许多其他汽车制造商遇到类似问题时只能召回，而特斯拉可以远程控制这些变化，因为它的所有汽车都连接了特斯拉的服务器。据估不久后，物联网将被内置到数十亿个对象中，如 Bright Products 所提供的太阳能灯和住宅系统。物联网技术已经影响到我们的生活方式、工作方式和城市的组织方式，并且影响在逐渐增强。例如，思科和 IBM 等公司正与各国政府合作开发智慧城市，即基本服务相互连接，能够通过传感器、大数据和数字决策支持系统自动和实时协调的城市设计方式。智慧城市系统可以基于用户需求信息实时规划公共交通，也可以完全控制水和能源消耗、废物处理系统等。城市中的各种服务将因此变得更加紧密且自动相互适应。该规划在以更智能的方式成功管理资源方面极具潜力，从而降低总体资源消耗。

物联网的一个重要影响是将静态产品转变为动态服务产品，使消费者使用产品时可以对其进行更改、升级和改进，还可以通过应用程序学习用户偏好来自动定制服务。与以前需要到店维修或更改产品不同，物联网提供了如特斯拉的实时改进产品的基础设施。因此，随着时间的推移，产品和服务可以更好地解决用户需求。"智能冰箱"可以告知用户牛奶何时变酸，甚至可以从在线商店订购新牛奶而无须询问用户，它更像是一种服务而非产品。

苹果公司的 iPhone 升级计划和 Bright Products 的新业务模式都是关于

公司从产品提供商转变为旨在解决客户需求的服务提供商的故事。正如我们所看到的，这些公司的价值主张通常与以前的商业模式不同，而且通常需要其他类型的支付模式才能使其商业模式盈利。但是，此类商业模式的一个重要特征是使资源的使用更加智能化，在将业务从线性转变为循环的过程中发挥了重要作用。

8
循环经济而非线性经济

为了实现可持续发展，企业需要从传统的以"获取、制造和处置"为基础的线性商业模式转变为基于再利用、资源效率、共享经济及闭环的循环商业模式（见图 8-1），从而降低资源消耗、减少污染，进而降低成本、获得新收入来源并更好地进行风险管理。

图 8-1　循环经济而非线性经济

8.1　未来转瞬即逝

如果正如前文所说"垃圾是最重要的资源"，那我们有机会生活在没有垃圾的世界中，并且正在朝此方向发展。您是否知道 HÅG 椅子上的大多数材料都是可重复使用的？早在 1991 年，HÅG 就已在其办公椅上使用来自瓶盖和番茄酱瓶的再生塑料。如今，该公司还在其产品中使用其他类型的塑料。

2015 年，欧洲塑料回收与再利用组织协会将 HÅG 的 Capisco 椅子评为 "2015 年最佳再生产品"。Capisco 由 100% 的再生塑料制成，其 90% 的铝零件也是可再利用的。这些办公椅不含对环境有害的物质，部件之间不使用胶黏工艺，且其组成材料种类较少，因此便于拆卸和回收再利用。

并非只有 HÅG 在对其产品和商业模式进行上述改变。过去的十年中，新的循环经济实体逐渐出现，这意味着企业逐渐将商业模式从线性转变为闭环（McDonough 和 Braungart，2010；Stahel，2016；Bocken 等，2016）。苹果、谷歌和菲利普斯这样的全球巨头正在重新设计其商业模式以使之更具循环性，包括建立闭环供应链，让尽可能少的资源以废物或排放的形式消失。

这些企业从消耗大量资源并产生大量废物的线性经济转变为循环经济以确保可以重复使用资源，从而防止大量资源放错地方并成为废物（Webster，2015）。循环经济基于经济具有恢复性和再生性的思想，即经济活动应该改善而不是破坏社会和环境资源（McDonough 和 Braungart，2010），这就要求保持产品和材料的高质量。

产品和材料可以重复使用多次的现象被称为向上循环而非再循环，它强调试图保持材料、组件和产品的高价值，而非让它们在现有价值层次上下降至更低层次（McDonough 和 Braungart，2013）。

这种转变会对经济、社会和环境产生巨大影响。一项针对七个欧洲国家的研究结论指出，向循环经济转型可使每个国家的温室气体排放量减少 70%，就业率增加 4%（Ellen MacArthur Foundation，2015）。麦肯锡公司和罗马俱乐部智囊团都认为开发循环商业模式会给企业带来巨大的利润潜力，然而这需要非常重大的变革，并要打破产品和服务生产的最基本特征之一：从线性经济转变为循环经济。

从线性价值链到循环价值链

循环经济思维的实质是摒弃基于"获取、制造、处置"逻辑的线性价值链而构建重复使用材料的循环价值链（Stahel，2016）。一方面，这涉及生物循环中水、生物量、天然气和其他自然资源；另一方面，这涉及技术循环中塑料、玻璃和其他人造材料等非自然资源（Lacy 和 Rutqvist，2015）。企业可以在上述两个方面考虑循环和再利用资源，从而防止以前浪费的资源——无论是水、能源还是物质资源——从循环中消失。

自第三次工业革命开始以来，线性思维一直占据主导地位并给世界许多地区带来了增长和繁荣，然而这也是造成当前可持续性问题的原因之一，因为线性模型意味着以不可持续的方式使用资源并产生大量废物，进一步破坏环境（见图 8-2）。这些废物中的大部分甚至有毒有害，因此无法再利用。

获取　　　　　　　　　制造　　　　　　　　　处置

图 8-2　传统线性价值链

循环经济范式表明至少有三个必要的应对措施。首先，我们需要以不耗尽资源库存的方式和程度使用资源。许多资源的开发利用速度过快，最终会导致它们完全耗尽，其中包括金属、矿物、化石燃料和各种鱼类资源。循环经济模式要求平衡使用这些资源，同时促进可再生资源的再生（McDonough 和 Braungart，2010）。其次，企业必须以减少使用稀缺资源并促进其再利用的方式设计产品、服务和流程。具体而言，这意味着设计消除外部性，如生产在生命周期结束时可以拆卸和再利用的产品（Bocken 等，2016）。最后，所有产品和材料必须保持尽可能高的质量水平，以便真正能够重复使用。循环经济学者认为，我们必须"升级"资源（McDonough 和 Braungart，2013）。传统的回收实际上是"向下循环"，这意味着资源会逐渐退化，直到最终变得无法使用。当将塑料瓶回收成羊毛衫时，塑料资源仍在运往垃圾填埋场。如果毛衣在磨损时被烧毁，它会产生能量但只能发生一次。

向上循环意味着保持资源的价值以便可以重复使用。例如，是否可以制造可重复使用的塑料瓶？或者是否可以制造回收时塑料质量不会下降的瓶子？越来越多的汽车制造商在设计汽车时采用新方式，以使旧汽车的部件能够无须翻新就可以在新车中重复使用。丹麦 Maersk 公司的新船只都采用这种方式设计，以便几十年后可以轻易拆解，从而解决非法拆船及其给工人带来的健康风险的问题。同样重要的是，Maersk 公司可以回收高价值的船舶零件，以便于更换旧零件从而延长船只使用寿命。

这些变化涉及产品和服务设计思维从传统的"从摇篮到坟墓"向"从摇篮到摇篮"的转变（McDonough 和 Braungart，2010）。总体而言，循环经济理念涉及重新设计产品、服务和价值链，从而实现以更智能的方式使用和再利用产品和资源（Jørgensen 和 Pedersen，2018），这意味着生产、消费并回收的新模式，即一个新循环的开始。

为了获得循环经济利益，企业进行可盈利的循环商业模式设计至关重要。这种商业模式的设计至少可以在五个不同的层次上完成。如图 8-3 所示，公司可以出租他们的产品，如 MUD Jeans 和 Filippa K 可以出租服饰，也可以提供维修服务；它们可以重复使用部分或全部产品并转售；它们可以翻新和更新产品，再利用资源和材料而非使用新的原始资源。

两个基本循环

HÅG 的商业模式旨在利用循环经济中的商机来创造、交付和获取价值。该公司生产的椅子由可回收材料制成，其设计经久耐用且易于维修，磨损时也可以轻松拆卸并在新椅子中再利用其零件。该椅子的一个设计

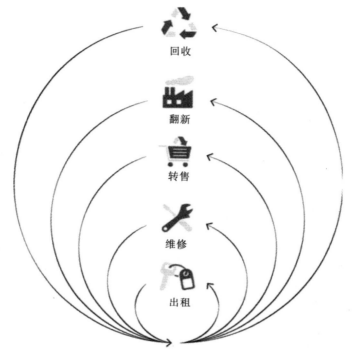

回收

翻新

转售

维修

出租

图 8-3　循环商业模式中的不同向上循环类型

亮点在于便于拆分天然材料和人造材料：这两种类型的资源必须区别对待且在产品结束生命周期后才能分开。Michael Braungart 和 William McDonough（2010）认为，资源应被视为反映这一区别的两个基本循环，分别是图 8-3 所示的生物循环和技术循环。应该注意的是，任何产品通常都由这两个循环中的资源构成（Bocken 等，2016）。

　　生物循环包括在自然循环中不断再生的生物营养素，如植物、真菌和动物等。在此循环中，诸如死去的动植物之类的废物成为细菌和真菌的食物，并通过自然过程（即堆肥）降解为肥沃的土壤。技术循环中包含塑料、玻璃和其他无法在生物循环中自然产生的资源等材料。因此，技术循环中的资源无法自然分解，如果不进行回收再利用就会变成废物（Webster，2015）。

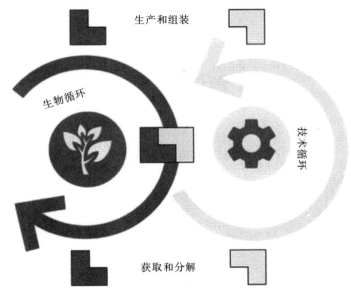

图 8-4 两个基本循环

资料来源：McDonough 和 Braungart（2013）。

绝大多数产品由生物循环和技术循环中的材料组成。例如，HÅG
Capisco 椅子由技术循环中的金属和塑料部件及生物循环中的羊毛制成。
Capisco 各部件间不使用胶黏工艺以便于使用后拆卸，使得棉花可以回归
生物循环，而金属通过熔化再利用回归技术循环。Capisco 的部分金属和
塑料部件可以直接用于新椅子，因此可以直接导入技术循环而无须熔化
再利用等。椅子的其他部分（如座椅上的棉花）都是可生物降解的，在
分解时可以为土壤提供养分。

从生物循环和技术循环中回收和提炼资源代价高昂。棉花和铝的生
产需要水、运输和劳动力，如果棉花和铝能够以现有的形式再利用，那
么将它们制成堆肥或熔化就是对稀缺资源的浪费。同时，材料再利用必
须要避免污染并以确保耐久性的方式生产，必须易于再利用且易于分离，
如塑料、棉花和铝。因此，向循环经济转型需要在新产品设计、新制造
工艺和新活动（如回收旧产品及加工以供再利用）等方面大量投资。尽

管从长远来看这种过渡可能十分有益，但短期成本极高。

8.2 放错地方的资源

预计到 2050 年，海洋中的塑料含量（按重量计）将远高于鱼类（Ellen MacArthur 基金会，2017）。漂浮在海洋中并聚集的大面积塑料垃圾会对海洋生态系统造成极大的破坏。

同时，陆地上也存在巨大的塑料垃圾问题。越来越多的企业正在寻找将塑料问题转化为机遇的方法。目前，海洋中的塑料被用于制造从地毯到鞋子的各种物品，这也是西班牙服装品牌 Ecoalf 的理念，该品牌生产各种由旧渔网和塑料瓶制成的时尚服装和手袋。

Ecoalf 使用 235 克渔网制成一米长的纱线用于生产夹克和其他产品，但 Ecoalf 没有能力独自完成整个过程。因此，该公司与其他公司建立了 18 家合资企业以收集废物、开发纱线、设计和分销产品。Ecoalf 及其合作伙伴因此开发了一种商业模式，该模式能够回收废物并生产新材料，进而设计、生产、分销及销售时装。

Ecoalf 及其盟友利用循环经济思想将塑料问题变成了机遇。循环经济中有大量商机，创新型企业可以通过回收放错地方的资源并将其重新投入生产而创造价值。

权衡价值

循环模式具有可恢复和可再生的特点，意味着以改善而不是破坏生态系统和自然资源的方式设计产品及其生产过程。生产可生物降解的产品可以实现上述特点，这些产品改善环境而不是污染环境。也可以通过资源的再利用实现上述特点，而资源的再利用反过来又能避免开采稀缺的原始资源（McDonough 和 Braungart，2010）。

资源的向上循环要求材料（无论是来自生物循环还是技术循环）必须在尽可能长的时间内保持尽可能高的价值。成品通常价值最高，而其零件和原材料价值较低。成品可以重复使用，但这需要便于产品维修、租赁、共享或转售的商业模式（Bocken 等，2016；Jørgensen 和 Pedersen，2017）。如果无法做到这一点，企业还可以回收再利用资源。例如，负责回收电气和电子垃圾的挪威公司 Norsirk，设法实现了炉灶中所有组件97.5%的重复使用，从而将所有产品组件保持在较高的价值水平。

被污染的材料的价值最低，如含有石棉的材料，这些材料既无法进入生物循环也无法进入技术循环。因此，Ecoalf 的夹克和 HÅG 的办公椅价值高于它们的组成部分。为了尽可能保持高价值，产品设计应尽量延长其生命周期，这意味着企业提供维修服务或在二级市场出售产品。当 HÅG 椅子磨损时，其零件的价值高于回收材料，这意味着通过零件的直接再利用可以将椅子保持在更高的价值水平。

这同样适用于生物循环，椅子或衣服中的棉花纤维经历了种植、浇水、收获、运输和加工过程，既耗费能源又消耗大量资源，因此，棉花产出后应该努力保持其高价值，在其磨损之前回收再利用而非废弃。当然，还要保证棉花在生产和使用过程中没有受到有毒物质的污染，如果棉花与技术循环中的材料（如塑料）黏合在一起，就无法自然分解。我们应在棉花重新进入生物循环前尽可能延长其使用时间，二手棉最好作为其他产品的原料重复使用（如汽车座椅的绝缘材料），待棉花完全磨损后才回归循环。

正如 Bocken 等（2016）所指出的，循环商业模式至少基于三种策略。首先，封闭循环，即确保新产品从使用后到再生产的资源流动。其次，缩紧循环，即确保资源效率和利用率。最后，减缓循环，即确保更长的产品寿命。三种策略中的每种都可以单独使用并作为建立更多循环商业模式的基础。

沿着闭环的循环价值链，创新型企业可以发掘许多商机（Lieder 和

Rashid，2016）。大企业正在制造能够设计耐用产品并通过维修、升级和翻新等附加服务获利的系统，其中部分企业开始出租而非出售产品，以在客户用完产品后重新获得对产品的使用权（Lacy 和 Rutqvist，2015）。这样，企业可以通过重租商品或回收零件获取资源。苹果、雷诺和 H&M 等大企业都以这种方式运作。

　　并非所有企业都有足够大的规模来进行所需活动以实现闭环的循环价值链，但这为多种商业模式打开了大门，这些模式可以沿着价值链提供服务以帮助其他组织变得更加循环（Bocken 等，2016）。例如，有专门从事循环产品设计的机构，有销售回收材料的废物管理公司，有提供共享数字平台和其他类型消费的技术公司，也有提供关于"如何以最佳方式回收材料以避免过度消耗能源和资源"的知识，从而促进二手产品在二级市场销售和研发的公司。换言之，无论企业大小，都可以在促进循环经济方面挖掘诸多商机。本书中的很多示例企业也是这样做的：Newlight 回收二氧化碳生产可降解塑料以供戴尔和其他大企业在产品中使用；Interface 重新设计其整个商业模式，包括再利用废料生产地毯；类似地，Norsk Gjenvinning 在整个循环价值链中提供废物管理服务和资源使用指导服务。

　　应当指出，并非所有可持续性挑战都只能用循环解决方案成功解决。循环商业模式特别适合于更广泛地解决与产品生命周期和资源短缺有关的挑战。而许多其他类型的可持续性挑战可以通过其他方法解决。然而一般来说，循环思维提供的解决方案意味着材料、组件和产品的循环增加，从可持续性的角度来看有益且可以减少许多不同产品和服务的生态足迹。上面概述的三种策略（封闭循环、缩紧循环和减缓循环）共同组成一组设计策略，可以创造更加循环的商业模式。

来自大自然的启发

　　循环经济理念的一大特色在于，认为商业应与自然进程相协调甚至有利于自然进程。许多振奋人心的技术和商业模式是基于模仿或复制自然界中的机制和元素来设计产品及其生产过程的，这种现象称为仿生学（Harman，2013）。例如，发明了塑料瓶替代品的英国公司 Skipping Rocks Lab，通过研究植物如何利用膜收集液体，从而获得灵感并设计出塑料瓶替代品"Ooho！"——由海草和其他自然物质制成的液体包装。看似球形塑料瓶的 Ooho！还具有极高的生物降解能力，甚至可以食用。生产 Ooho！的原材料加厚后还可用于运输和存储大量其他液体。因此，随着时间的推移，此类技术在解决不同难题上具有巨大的潜力。

类似地，美国设计和技术公司 Ecovative 利用真菌创造出了聚苯乙烯的生物替代品。充斥全球的聚苯乙烯对环境有着极大的不利影响，该公司创始人试验了各种真菌并在霉菌中培养真菌，以期创造出类似聚苯乙烯但可生物降解、对环境无害的包装材料。经过多年的技术试验，Ecovative 成功地开发出具有价格竞争力的产品，收获了宜家、戴尔和斯坦霍普等客户。该公司还将其产品线扩展到其他以真菌为原料的产品，如绝缘材料和浮式码头等。

这些例子都表明了仿生技术的潜力。基于仿生技术的商业模式已经爆炸式增长，我们看到的可能仅仅只是开始。基于仿生技术的商业模式可以用来设计和生产对自然和生态系统危害较小的产品，而不是完全符合循环经济原则的破坏性产品。

失业也反映资源的流失

谈论循环经济很容易令人想到商业模式的环境特征，然而这些思想也可以在人力资源和商业模式的社会层面上得到有利应用。Ecoalf 收集诸如渔网之类的塑料废物并将其用作产品的投入要素，因此，该公司还为塑料废料过剩地区的穷人创造了就业机会。许多社会企业家旨在通过创造工作机会来解决社会问题：使这些人通过就业改善生活（Peredo 和 McLean，2006；Short 等，2009）。

塑料银行就是基于这样的想法建立的。该公司在收集塑料废料方面的开拓性工作获得了 2015 年 Sustainia 社区奖。David Katz 和 Shaun Frankson 于 2013 年成立了该公司并着手应对两大问题：塑料污染和贫困。他们将塑料转化为货币，使贫困和失业人员能够通过收集塑料来赚钱。该公司为海地和其他地区从事塑料垃圾回收的穷人提供激励措施：向他们提供现金或代金券，这些代金券可用于购买食品和其他基本产品，或用于手机充电及类似服务。

因此，塑料银行能够将废物塑料转化为新资源。此外，塑料银行还为那些无法养活自己和家人的穷人创造了宝贵的就业机会。塑料银行 CEO David Katz 访问 NHH 挪威经济学院时热情地向我们介绍了他对公司的愿景，我们不得不带他在挪威卑尔根的山区长途跋涉以疏导他旺盛的精力。David 的热情的确极具感染力：Facebook 上，人们开展各种活动来鼓励企业使用塑料银行的塑料。Lush Cosmetics 为塑料银行在海地的部分活动提供资金，并在 Lush 产品的容器中使用该塑料。最近，汉高等大企业及联合国等机构也与该公司建立了合作伙伴关系。随着时间的推移，是否能成功吸引尽可能多的大客户，将对塑料银行商业模式的可行性起决定性作用。

社会企业家精神包括使用商业工具帮助解决相关社会问题，社会创业商业模式的一个重要特征是帮助解决社会或环境问题，但使用的主要是商业领域的原则和工具（Short 等，2009）。通过这种方式，社会企业家将救助组织和其他非营利组织的理想目标与现代企业特有的成熟经济和组织方法结合起来。这种情况可能发生在成熟企业的内部，如挪威服装公司 Stormberg，该公司 25% 的员工是有吸毒史或犯罪史的再就业人员（Jørgensen 和 Pedersen，2015）。

然而，社会创业通常发生在规模较小的企业中，在这些企业中社会维度是其商业模式的核心，如由 Sveinung 担任董事会主席的 Tyrili Climbing。Tyrili 是一家吸毒成瘾者治疗机构，但该组织还在挪威利勒哈默尔经营

着一家销售攀岩课程及装备的攀岩中心，攀岩中心的多数顾客并不知道
该中心很大程度上由戒毒人员经营。这些瘾君子学习如何经营企业、组
织比赛并为挪威精英体育学院的攀岩学生提供指导。这样，Tyrili 可以同
时为客户（吸毒者）和攀岩中心顾客创造价值。

在挪威，投资公司 Ferd 及其所有者 Johan H. Andresen 积极推动了这
类社会企业。Ferd 投资的公司之一 Monsterbedriften 是一家为建筑行业提
供拆除服务的社会企业。该公司的大多数员工有吸毒或犯罪背景。许多
社会企业家致力于将闲散的人力资源重新用于生产活动，无论是以前的
罪犯、吸毒者还是由于各种原因难以进入劳动力市场的人。因此，社会
企业家精神还包括一种循环思维，即令无法为生产活动做出贡献的多余
和闲置资源重回价值链（Dentchev 等，2016）。这既为得以就业的人创造
了价值，也为使用劳动力的公司创造了价值。

在 2017 年的一次巴西之行中，我们遇到了一种独特的社会创业商业
模式，该商业模式基于双重循环逻辑——试图对人力和自然资源进行升
级。当我们徒步经过里约热内卢 Lapa 地区时，Refettorio Gastromotiva 突然
出现在我们面前。这位来自意大利米兰的社会企业家试图同时解决两个
问题——里约热内卢日益加剧的贫困和饥饿问题，这也与青年的高失业
率有关。Gastromotiva 将贫困和饥饿问题与城市中商店及餐馆数量充足且
交通便利的地区的食物浪费问题联系起来：使用这些即将过期的废弃食
物为拉帕的穷人制作晚餐。"为什么穷人只能汤锅里吃饭？""为什么他们不
能在环境优美的地方吃饭？" Gastromotiva 餐厅的一位经理 Mariana Vilhena
Bittencourt 问道。Gastromotiva 餐厅的内部装潢漂亮且很少有人抱怨食物，
因为 Gastromotiva 独特的价值主张之一是轮流聘请顶级厨师在餐厅烹饪无
偿食物。不仅如此，厨师们还为 Gastromotiva 餐厅的内部烹饪学校提供指
导，这是价值主张的另一部分，其目的是帮助里约的贫困青年在城市旅
馆和饭店中找到帮厨工作。

通过这种方式，Gastromotiva 为社会贡献了人力和自然资源收益。我

们受到这位社会企业家的启发，为挪威的商学院的学生设立了实习计划以使他们获得实践经验，为建立可持续商业模式做出贡献。目前，Gastromotiva 的餐厅由可口可乐和家乐福等全球巨头资助。然而，正如Mariana 所指出的，该公司希望自给自足，希望建立一个可持续的商业模式以生存下来并扩大规模。经营者们仍在为实现这一目标而进行探索，他们建立循环商业模式的尝试囊括了许多社会企业家所面临的挑战。

循环尚未闭合

Ecoalf 只是众多倡导循环经济的企业之一，它开发了一个由合作伙伴组成的生态系统，共同提供产品、服务和就业机会。研究表明，越来越多的企业在绿色创新项目上开展合作，包括与供应商、非政府组织、工业网络、主管部门和竞争对手的合作。企业试图通过这种方式找到更可持续的解决方案。造成这种情况的原因之一在于，可持续问题具有复杂性和全球性，大多数企业都意识到无法独自解决这些问题。协作不仅发生在企业之间，消费者也意识到协作可以解决问题并带来更明智的消费。尽管我们正缓慢地朝着更可持续的经济发展，但在建立起完整的循环商业模式之前还有很多事情要做。

至少，许多企业的目标是利用数字和知识密集型技术建立循环且基于服务的商业模式，这些企业需要与利益相关者高度合作以获取专业知识。这种联盟对于促进可持续商业的重要性将是下一章的主题。

9
联盟而非单挑

没有组织能够单独解决这些重大问题。因此，对于那些希望实现可持续且盈利的企业来说，合作非常重要，且这种合作在市场、部门内部、各个部门之间都越来越广泛（见图9-1）。为了正确评估企业在可持续方面的努力，我们必须审视企业的整个生态系统及其为更可持续地开展业务而进行的合作所做的努力。这种合作要求它们愿意相互开放自己的商业模式，从而实现整体大于部分之和的效果。

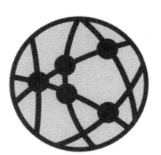

图9-1 联盟而非单挑

9.1 团结协作

法国汽车制造商雷诺的宣传标语为"Recycle，Reuse，Renault"（回收、再利用、雷诺）。雷诺是众多与Ellen MacArthur基金会合作的公司之一，该基金会专门为公司开发与实施循环经济解决方案。循环经济理念对雷诺来说并不陌生，实际上该公司早在 1949 年就开始在汽车中使用二手发动机零件。目前，雷诺致力于重新设计其商业模式以更具可持续性，包括闭环价值链和循环商业模式。雷诺已投资购入新的生产设备，从"获取、制造和处置"的模式转变为"再利用和再循环"的模式。此外，该公司还开发了全新的装置用于收集和处理旧零件以进行再利用。雷诺位于巴黎附近的工厂将发动机、变速器和其他部件升级转售。根据麦肯锡的报告，与生产新组件的设备相比，该工厂的回收业务使用的能源减少了 80%，水减少了 90%，油和清洁剂废物减少了约 70%。其工厂也获得了比雷诺整体更高的营业利润率。

为了实现以上收益，雷诺与多家公司建立了合资企业，包括回收钢铁的合作伙伴公司和管理废物的回收公司。雷诺建立联盟以获取价值链这一部分中的资源、知识和能力，从而确定公司设计和生产汽车的方式。雷诺与供应商合作以寻找在整个价值链中创造和分配价值的机会，从而吸引其他企业加入合作。例如，该公司已帮助一家切削液供应商将其商业模式从基于销售转变为基于绩效，这一变化使该供应商的废物减少了 90%，也使雷诺的成本降低了 20%。

麻省理工学院的研究人员和波士顿咨询集团的团队每年都要进行年度全球调查，就可持续性相关问题向全球高管提问。2015 年，他们调查了协作在企业可持续发展中的作用（Kiron 等，2015），尽管 90% 的受访者认为合作对于提高可持续性是必不可少的，但只有不到半数企业表示正在进行这种合作，这也许是因为企业根深蒂固的"旨在竞争而非合作"的思想。然而，竞争企业之间的合作也越来越多（Brandenburger 和 Nalebu，2011）。可以说，培养这种合作意愿和能力对于尝试设计更可持续的商业模式的企业非常重要（Peloza 和 Falkenberg，2009）。

正如我们所见，雷诺已经对其商业模式进行了重大变革以提高可持续性，并从循环经济中获益。该公司已经改变了其组织生态系统（关联公司网络），包括供应商、分销商、客户、竞争对手、治理机构等。当然，成功的联盟需要投资，即使对成功者而言回报巨大，这种有风险的投资也并非没有代价（Das 和 Teng，2001）。合作的挑战在于其要求具有不同目标的各参与者必须齐心协力以找到互利的解决办法。合作通常还需要公开企业商业模式并为潜在竞争者开放内部流程的访问权限（Drech-sler 和 Natter，2012），因为此类创新项目往往意味着与竞争者开展合作。

人们天真地认为，即使各相关方没有做出巨大而有意识的努力，这样的变化也将发生，特别是因为其中一些人通常会比其他各方更受益于合作。在上述调查中，仅有 50% 的公司表示正在就可持续性项目进行合作，其中只有约 60% 对其合作感到满意（Kiron 等，2015）。结盟对中小企业而言是必要的，然而像雷诺这样的大公司也可以通过合作而受益匪浅。

企业是解决问题的专家，但它们也在不同程度上以不同的方式给社会和环境带来问题。汽车制造商解决客户的出行问题，创造就业机会，努力按照法规和客户期望减少排放并纳税。然而，汽车制造商也会制造问题，汽车污染交通事故致人死亡、道路堵塞，浪费稀缺资源等情况时时发生。"企业解决的问题至少要比创造的多"是一个合理的期望。换言之，企业需要更多光明面和更少阴影，并扩展解决方案以增加对商业、社会和环境的积极影响。

战略领域十分重视竞争。上述调查使用了战争和"生存测试"生物学的隐喻，其理论集中于企业如何利用议价能力来获得与供应商、客户和其他利益相关者的竞争优势。知识仍然很重要——成功的商业模式可以创造、交付和获取价值。但是成功的商业模式还涉及与各个利益相关者的合作。利益相关者理论之父 R. Edward Freeman（1984）指出：领导者的关键作用是试图找出企业与其利益相关者之间的重叠利益，并试图以对双方都有利的方式扩大这种重叠。企业可以通过合作，为客户、员工、供应商及其他利益相关者创造更大的价值并实现多种类型的创新项目。

上文展示了雷诺如何与切割液供应商合作以减少排放和资源浪费，

从而为双方带来更高收益。经常有人说，企业要通过竞争成为最有吸引力的交易伙伴，然而人们很容易忘记，企业必须对所有的交易伙伴都有吸引力，仅仅成为解决客户问题的专家是不够的。企业不一定要通过与员工、供应商、政府和其他关键利益相关者的竞争来获得可观的增长。因此，成为盟友而不是竞争对手，也可以使企业受益。

从价值创造到价值获取

简单来说，我们可以将价值创造比作烤蛋糕。供应链的粗略合作使企业可以提高满足顾客和供应商需求的能力，这相当于烤一个更大的蛋糕。如果客户认为企业提供的产品和服务能满足他们的需求，他们会有更好的客户体验，因此一般来说，他们愿意为产品或服务支付更多的费用，并更加忠诚。

认为企业更具吸引力的供应商也许会更愿意满足企业的需求。如果员工认为企业是一个理想的工作场所，他们可能会更愿意工作、更忠诚，甚至要求更少的报酬（Koys，2001；Harter 等，2002；Frank，2004；Turban 和 Greening，1997）。此外，如果政府和监管机构认为企业为社会和环境创造了可观的价值，它们可能愿意投资并促进有利于企业的教育和基础设施建设。合作可以增加供应商、企业、客户和其他利益相关者的价值创造，因此蛋糕的大小也会增加。设法建立增值联盟的企业可以通过从一块更大的蛋糕中分得一小块来提高他们的价值获取（见图9-2）。

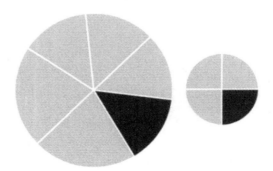

图 9-2 更小的占比，更大的蛋糕

尽管联盟可以增加创造价值的蛋糕的规模，但企业也必须确保讨价还价的能力和地位，以使他们能够获得公平的份额。因此，企业必须应对一个悖论：它们必须同时合作和竞争。无论企业是否可持续发展，管理者都会不断面对这一现实。但是，当可持续性成为问题的一部分时，进行合作也许更为重要，因为企业面临的问题的复杂性要求复杂的能力、技术、投入因素和其他资源，这可能需要跨行业的广泛联盟。

9.2　创造和分享价值

谁会想到可以利用石油工业中多余的二氧化碳来生产鱼饲料？创新型公司 CO2BIO 就是这样做的。CO2BIO 使用挪威能源公司 Equinor 捕获的二氧化碳获取富含 Omega-3 的藻类。海洋中 Omega-3 严重短缺，水产养殖完全依靠 Omega-3 鱼饲料。这种营养素对于吃鱼的顾客也非常重要。同时，企业排放加剧了大气中二氧化碳的过量。CO2BIO 免费从 Equinor 获得二氧化碳并将其导入管道，水和二氧化碳在实时全方位照明的管道中循环，从而生产富含 Omega-3 的鱼饲料原料藻类。CO2BIO 的商业模式有助于同时解决两大问题：一是减少大气中有害的温室气体，二是为水产养殖业提供营养丰富的饲料。

CO2BIO 使用的技术是一种基于自然过程的生物模拟技术（Harman，2013）。目前该项目仍处于试验阶段。换言之，它仍是对新技术和新商业模式的试验。如果 CO2BIO 成功地将产品商业化，它将建立独特且有利的商业模式。该公司目前的主要资源之一是二氧化碳，可从 Equinor 免费获得。将来，也许二氧化碳排放超标的企业会为摆脱排放而支付报酬。在消费者层面，该公司可能会将其产品出售给需要高质量鱼饲料的公司，预计该行业在未来几年将显著增长。然而与此同时，使用不同技术的各竞争对手正试图用新颖的鱼类饲料产品占领此市场。

CO2BIO 无法独自实施此项目，该公司通过与私营企业和公共部门以及学术界和研究机构进行粗略的合作和联盟来获得潜在客户、知识、原材料和资本。有趣的是，联盟中的各方也是市场中的竞争对手。例如，Marine Harvest、EWOS、LerøySeafood 和 Grieg Seafood 等养殖公司都是该项目的合作伙伴和股东。此外，卑尔根大学和联合研究所等各种学术机构也是该项目的核心。

CO2BIO 业务模型的几个有趣特征与它解决可持续性问题的方式有关。首先，商业模式是一种协作模式，在这种模式下，多个组织联合起来解决无法独自解决的问题。其次，Equinor 提供了二氧化碳的"原始材料"，该项目利用了 Equinor 的二氧化碳排放，因此 Equinor 并没有尝试通过减少排放来解决排放过量问题，而是在协作创新项目中找到了解决方案。该项目将 Equinor 的问题转变为另一家公司的解决方案。为了解决我们面临的重大问题，这种跨越组织边界和商业模式的协作是必要的。

CO2BIO 位于挪威的一个工业园区，利用这些园区建立循环合作具有巨大的潜力和良好的效果。这种商业模式通常被称为工业共生，丹麦工业园区 Kalundborg 共生即为著名案例之一。该工业园区于 1959 年建立，但是在 20 世纪 70 年代和 80 年代才迈出打造生态工业园区的第一步。Kalundborg 共生背后的理念是，所有企业的浪费和多余资源都是园区其他企业的重要投入要素。也就是说，工业园区不是基于每家企业的循环模式，而是基于整个园区的循环模式（Ehrenfeld 和 Gertler，1997；Jacobsen，2006）。例如，Gyproc 使用 Dong Energy 的排放作为制作石膏板的输入；农业经营者将 Novozyme 的有机废物用作肥料；Asnæs 电站则使用 Equinor 运营产生的中水。此外，工业园区的多余能量会为工业园区附近的家庭产生热量和照明，因此，实际上也为附近社区减少了照明投入。这种共生关系使 Kalundborg 每年减少 275000 吨二氧化碳排放并节约再利用 300 万立方米的水。

作为利益相关者联盟的企业

在与企业高管和其他经理的谈话中，我们经常发现其中很多人专注于客户。这当然是有道理的，关心客户并没有错，因为企业依赖客户为其产品和服务付费。然而，正如我们将在下文中看到的那样，许多其他关键利益相关者也极大地影响了企业在其运营中协调可持续性和可营利性的能力（Berman 等，1999）。因此，了解企业与其环境中其他利益相关者之间的互动至关重要。

从广义上讲，企业可视为利益相关者的联盟。其中一些利益相关者是企业的正式交易伙伴，如客户、员工或供应商等。这些合作伙伴可以为企业提供时间、金钱或产品和服务等有价值的东西并希望得到回报，因此企业依赖它们，这种依赖可能是相互的。其他未与企业进行正式交易的利益相关者通常被称为机构（或外部）利益相关者，如非政府组织、媒体组织、游说者和各种意见制定者等。它们可能不会直接影响企业，但仍然可以间接地对企业产生极大的影响，如通过影响企业声誉来对企业产生影响，这些利益相关者可以影响企业在市场中的地位而无须与企业建立正式关系（Mitchell 等，1997）。

图 9-3 概述了企业环境中的各个主要利益相关者。我们将企业置于中间位置，企业需要处理的利益相关者的总量要超过图片所涵盖的范围。这些关键利益相关者几乎与所有组织都息息相关，因此会影响企业运作和绩效：

● 购买企业产品或服务的客户：无论是最终用户（B2C）还是其他企业（B2B）

● 员工：为企业和当地社区提供他们的能力和努力

● 合作伙伴和竞争对手：通过与企业的各种互动影响企业战略在市场上的成功程度

● 投资者：拥有企业并提供必要的资本为其活动融资

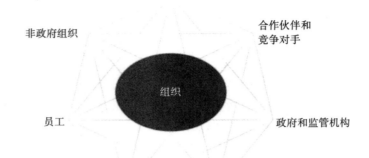

图 9-3　组织及其利益相关者

- 贷款人：通过贷款满足短期和长期资本需求
- 政府和监管机构：制定和执行与企业活动有关的法律和法规
- 非政府组织：代表社会和环境的利益
- 创意代理和传播者：如媒体和学术组织，它们创造和传播影响企业声誉和绩效的想法和信念

　　将企业视为利益相关者联盟需要将其理解为一个有机体，依赖于对其活动和实现其目标做出贡献的关键利益相关者的支持。利益相关者以不同的方式和程度影响企业实现这些目标的能力（Mitchell 等，1997；Freeman，1984）。从利益相关者的角度来看，与此类合作伙伴建立更牢固的关系至少有两个原因。第一，也是最根本的原因是合作伙伴对于项目的成功可能至关重要。例如，CO2BIO 可能高度依赖于 UniResearch 的科学家的研究专业知识，这些科学家参与开发了 CO2BIO 开发新产品的支持技术。第二，建立联盟的另一个原因是它提供了企业可能无法获得的知识、技术和见解（Mowery 等，1996）。竞争对手如 Marine Harvest、Lerøy Seafood 和 Grieg Seafood 都加入 CO2BIO 联盟，这在一定程度上也可能是因为他们认为如果项目成功，不参与其中的风险太大。因此，进入联盟或

联合创新项目的动机可能多种多样（Varadarajan 和 Cunningham，1995）。不同的组织将根据其设定的目标进入不同的承诺层并从参与中获得不同程度的收益。

在多重意义上，对外开放企业和商业模式的趋势正在不断发展。开放式创新越来越普遍，该过程旨在通过借鉴外部思想、观点和声音来推动创新（Chesbrough，2006）。包括让客户参与新产品研发，就像电脑游戏研发人员和乐高等玩具制造商早已做过的那样。开放式创新还可能涉及与其他企业、研究机构和其他参与者通过网络参与创新项目，这些创新项目可以以不同方式整合到项目中并从中受益。企业在设计商业模式时，也越来越倾向于以将其他组织整合到其价值链中的方式进行组织。这就形成了相互依存关系，使企业有动力长期关注彼此的利益。

雷诺决定与来自完全不同行业的企业建立合资企业和长期合作关系，这表明雷诺认为这些企业对于成功实现循环经营模式至关重要，这种模式可以随着时间的推移而盈利。同样，如果没有与价值链上下游的组织以及能够为企业创新项目做出贡献的知识合作伙伴进行卓有成效的互动，CO2BIO 的商业模式是不可能实现的。总之，这是寻找新的方式来创造、交付和实现价值，无论是单独的还是与他人合作。这样，企业就可以取得无法独自取得的成果。在下一主题中，我们将讨论如何对正确的结果进行优先级排序。

10
结果导向而非放任自流

重要的是解决我们面临的问题，而非"谁做的"或"什么看起来更好"。为了正确处理重要问题，优先级至关重要。这意味着优先考虑重大的可持续性问题，而反过来又要求与企业的利益相关方进行有效沟通，以使他们相信企业正在采取适当和有效的步骤迈向更具可持续性的商业模式。

10.1　保持警觉

你会选购品相不佳的食物吗？欧盟公民每年扔掉的原本可以食用的食物超过 8800 万吨，相当于每人 170 千克以上（Stenmarck 等，2016）（见图 10-1）。

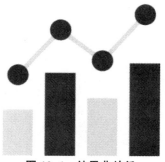

图 10-1　结果非放任

据估计，人类会丢弃所购买食物大约 42% 的分量。而温室气体的排放、水资源消耗以及整体环境对食物生产的影响极大。食物浪费是一个全球性的问题，法国零售连锁店 Intermarché 针对这一问题发起了"拯救丑蔬果"运动。Intermarché 开始销售由畸形水果和蔬菜制成的冰沙，并配以色彩斑斓、吸引眼球的海报。顾客对食品风味和创意都反响颇佳，因此该公司进一步发展了这一创意，以 30% 的折扣向顾客出售店里"丑陋"的水果。仅在最初两天，Intermarché 就售出成吨难看的水果和蔬菜，该运动在全世界范围内引起了极大关注。

Intermarché 利用这一巧妙的活动同时成功地完成了几件事：它成功地改变了顾客根深蒂固的拒绝丑陋食品的习惯；它设法减少了商店的食物浪费；它还降低了食品垃圾的处理成本。Intermarché 以较低但仍可接受的价格出售产品，并得到了相当积极的宣传和关注。

通过推广和销售有缺陷的产品，Intermarché 彻底解决了商店的食品浪费问题。如果企业想要成功地协调可持续性和可盈利性，则还需要将可持续性问题视为机遇（Porter 和 Kramer，2011）并开发解决方案和技术，这些解决方案和技术可以解决并非由企业引发的问题。当意识到可以使用过量的二氧化碳生产塑料时，Newlight 做到了这一点；当 Interfacé 解决了存在的问题并以降低成本的方式改变生产流程时，Interfacé 也做到了；当 Norsk Gjenvinning 在自己内部进行广泛的周转和清理以摆脱供应链中的困境时，Norsk Gjenvinning 也做到了。

过去的几十年里，全球大多数企业已将企业社会责任提上议程。针对企业社会责任的部分批评声音认为，企业社会责任往往是以看上去不错的方式行事或者让利益相关者满足他们的要求（Visser，2011），这并不总是与实施有效的商业模式变革以促进社会和环境绩效相协调的（Eccles 和 Serafeim，2013）。特别是与企业核心业务实际相关的企业社会责任举措与更为外围的企业社会责任举措（如各种慈善活动）之间存在着相当大的分歧（Burke 和 Logsdon，1996）。对于致力于创造真正变革并旨在使可持续发展与盈利保持一致的企业而言，可持续发展应以创造正确的结果为导向，而不是成为一种商业模式的放任自流（Khan 等，2016）。

可持续发展和盈利之路

关于如何协调可持续性和盈利能力的问题已有大量研究（Khan 等，2016；Kang 等，2016；Eccles 等，2015；Flammer，2015；Edmans，2011；Margolis 等，2007；Orlitzky 等，2003；Waddock 和 Graves，1997）。然而问题是这一研究经常"将苹果和橙子进行比较"。首先，许多研究忽略了以与核心业务相关的方式促进企业社会和环境绩效的努力和远离企业战略及运营的努力之间的区别（Khan 等，2016）。其次，许多研究未能区分成功变得更具可持续性的企业和不成功的企业的实践类型。

前面我们提到了 Robert G. Eccles 及其同事所进行的研究（Eccles 等，2014），该研究阐明了可持续性与盈利能力之间的关系，研究表明更可持续（或更负责任的）和更不可持续（或更不负责任的）的企业之间存在着微小但积极的差异，而可持续性投资对财务绩效有着正向但递减的影响。Eccles 及其同事的研究为可持续性与盈利能力之间的正相关关系提供了目前最有力的证据。此外，该研究还揭示了使这些企业与众不同的组织特征。为了更深入地研究可持续发展绩效与财务绩效之间关系的内在机制，就必须洞察企业在实践中所能采取的做法，让我们来审视一下：

简单地说，实现盈利需要增加收入、降低成本或两者兼而有之，这也适用于可持续性和盈利能力之间的关系。为实现可持续性所做的努力，想要得到回报就必须通过直接或间接影响收入和成本来影响企业底线。一些努力直接触及底线，例如，Intermarché 设法销售丑陋的水果和蔬菜，否则公司将不得不花钱处理这些水果和蔬菜。其他努力对公司的绩效有间接的影响。例如，有能力的员工因为积极关注该活动而选择 Intermatché 作为雇主，Intermatché 反过来又利用员工专业知识更好地完成工作。在图

10-2 中我们展示了该类型做法的各种效果，区分了增添积极影响的做法和减少不利影响的做法，也区分了对企业绩效有直接影响和间接影响的做法。

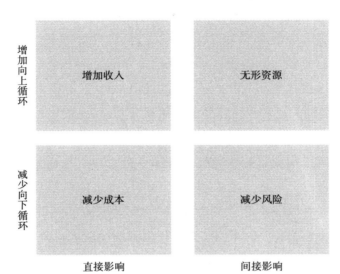

图 10-2　可持续性如何影响企业绩效

资料来源：Esty 和 Winston（2009）。

图 10-2 说明了为实现可持续发展所做的努力如何通过更高的收入和/或更低的成本来促进盈利。可持续发展的企业可以提高其声誉并增强其主要利益相关者之间的信任和信心，进而可以实现更好的绩效。为实现可持续发展所做的努力可以通过降低企业的风险来减少间接负面影响，使投资者或贷方提供有利的融资条件。例如，更加循环的商业模式能够降低企业关键资源和投入因素的供应风险。

如图 10-2 所示的四种影响——增加收入、减少成本、增加获得无形资源的机会和减少风险——属于不同类别。良好的声誉可以正面影响客户意愿，减少风险可以降低贷款利率，从而在短期内降低成本。然而，通过区分好的和坏的影响以及直接和间接的影响，决策者更容易看到在可持续性方面的投资在短期内可能会产生超出直接影响的影响。据推测，最重要的影响将随着时间的推移逐渐显现，如信任度的增加反过来可能会使企业对合作者、员工、投资者和其他利益相关者更具吸引力（Jørgensen 等，2018）。

Intermarché 获得了上述一系列收益。在"拯救丑蔬果"启动后，该公司既经历了积极影响的增加，也经历了消极影响的减少。品相不佳的食物出人意料地受到顾客的欢迎。也许最重要的影响是全世界媒体的大量报道，这也导致其他几大洲的超市效仿这一运动，而这反过来又使跨文化交流更加受到关注。从纯粹的成本角度来看，Intermarché 降低了食物垃圾处理成本，它成功地销售了那些最终会被填埋的产品，而且该公司声称在这段时间里其商店的顾客数量增加了近 25%。然而，从可持续发展绩效的角度来看，这场运动最引人注目的结果可能是成功地改变了消费者的行为：顾客以前不愿意吃难吃的食物，而 Intermarché 找到了一个机智的方法来刺激消费者的绿色消费习惯。这对企业来说是一个巨大商机，而这种机制显然可以用来鼓励更可持续的消费（Lehner 等，2016）。

Intermarché 的丑陋食物是可持续发展实践（减少了食物浪费）积极影响企业财务绩效的显著案例。不一定在所有行业中都能找到这种"丑陋的果实"，但是任何行业中的企业都应该能够发现机会以调整其业务的可持续性和盈利能力。正如 Intermarché 的故事所显示的那样，在协调可持续发展与盈利能力的道路上存在一些重要步骤。首先，要确定当前商业模式中的重大可持续性问题：企业在当前运营过程中会投射出什么样的光影？其次，在企业所依赖的环境中绘制利益相关者图并识别在设计商业模式时必须考虑哪些利益。最后，找到将资源分配给利益相关者重视的可持续性实践的方式，以使它们直接或间接地以理想的方式影响企业的收入、成本、无形资源或风险。然而，如果企业无法有效确定优先级，那么上述过程成本极高。最成功的企业能够以适当的方式确定其可持续发展工作的优先顺序，我们将在下文中对此进行分析。

10.2　优先考虑重要事项

你如何知道分配给可持续发展工作的资源是否能实现既定目标？

我们生活在一个全球化的世界，有些企业比其他企业更全球化。每天，全世界有超过 25 亿人会使用联合利华的产品。例如，喝一杯立顿红茶，用 Dove 肥皂洗手，用 Q-tips 清洁耳朵，或者吃一份 Ben&Jerry 冰淇淋。联合利华的产品在世界各国超市中广泛存在。该公司制定了到 2020 年改善 10 亿人健康、饮食和营养的目标，还有将其产品对环境的影响减半的雄心壮志。因此，联合利华的目标是通过绿色增长提高生产力、解决社会问题并减少对环境的影响。这些目标体现在联合利华的企业战略中，该战略被称为"可持续生活计划"。

在这一战略背后，联合利华致力于系统地分析解决哪些问题、为谁解决以及为什么解决这些问题。联合利华绘制了自身盈利能力和利益相关者利益的重要影响因素图。这种分析通常被称为重要性评估，包括确定企业面临的突出社会和环境问题，并从经济、社会和环境角度优先考虑这些问题的重要性。因此，关键是要让人们意识到这些问题重要且不应被忽视，并且可能影响企业利益相关者的决策（Eccles 等，2012），如投资者决定是否进行投资，客户决定是否购买企业的产品和服务，员工决定是否为企业工作，等等。一般来说，企业在解决重大的可持续性问题时必须格外小心，它们可能会忽视影响程度较小的问题（Khan 等，2016）。这看似无关紧要，但实际上许多企业将与核心业务相关的可持续性实践放在非常低的优先级，模仿其他企业所做的努力而不管它们与企业商业模式的相关性如何，或者专注于容易实现的目标。图 10-3 展示了重要性评估分析图，其中横轴表示影响企业的重要问题，纵轴表示影响利益相关者的重要问题。

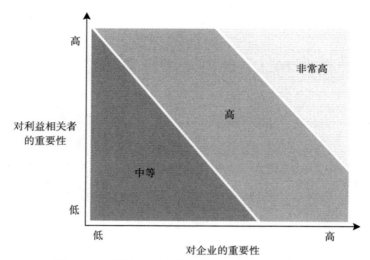

图 10-3　哪些问题对企业及其利益相关者是重要的

如图 10-3 所示，这种分析可以对可持续性问题进行重要性排名和优先级排序。图表中左下角表示适度重要的可持续性问题，越靠近右上方的问题越重要，并且企业通常会尝试优先考虑更重要的问题。该分析不是旨在研究提高可持续性绩效是否使企业变得更有利可图，而是研究哪种可持续性实践可以提高盈利能力：应该采取哪些措施？如何知道分配给可持续性工作的资源是否有助于实现企业既定目标？利益相关者是否认可这些工作？

应注意的是，企业及其利益相关者对企业所面临的可持续性问题可能有不同的看法。例如，鱼类食品消费者仍然普遍担心养殖鲑鱼中含有抗生素。然而，鱼类养殖公司提供的数字表明，抗生素在养殖鱼类中被根除已久，而鱼虱和鱼类外逃等问题是更亟待解决的可持续性问题。那么，从企业的角度来看，消费者担心的是不必要的问题。这也表明出于优先顺序以外的原因，使用重要性评估很有价值。在养鱼业中使用抗生素的案例表明，鱼类养殖企业并没有成功地向顾客证明抗生素问题已经基本解决。为了双方的利益，企业应该采取进一步措施告知客户这一点。

联合利华广泛使用重要性评估，在其企业战略中已经确定了 191 个问题，如动物福利、工人工资和温室气体排放等。这些问题分布在 38 个主题中，如气候变化和公平贸易。此外，这 38 个主题还分布于五个主要重点领域：①改善健康和福祉；②减少对环境的影响；③改善生计；④负责任的商业行为；⑤更广泛的可持续性主题。在每一个领域内，企业都可以通过解决与利益相关者相关且对企业有益的问题，对可能带来最理想结果的问题进行优先级排序。

解决最重要的问题是否有利可图

您可能会质疑重要性分析是否值得进行。George Serafeim 等哈佛学者的研究表明，重要性分析可能具有重大价值（Khan 等，2016）。该研究区分可持续性问题的重要性以更深入地研究了哪种可持续性实践可以提高财务绩效。该研究根据基于可持续发展会计准则委员会（SASB）标准的重要性评估，对众多企业的可持续发展实践进行了分类。这使研究人员能够根据重要性对企业的优先级进行比较并评估这些优先级如何影响财务绩效。该研究表明，关键是要将资源严格分配给与重大可持续性问题相关的可持续性工作。

这意味着投资解决重大可持续性问题的企业要比不进行此类投资的企业和投资解决非重要可持续性问题的企业具有更大的积极财务绩效影响。这表现为两个方面：一方面，解决影响利益相关者利益的实际问题会收获市场回报。另一方面，分配给可持续性工作的资源数量不是关键，重要的是这些资金的实际使用方式。实际解决社会和环境问题必须以针对性的、明智的方式将资源用于实际问题。此外，为了识别和管理这些问题，企业必须不断地接触及监控利益相关者，并严格优先处理最重要的问题。

挪威生物技术创新及南极磷虾捕捞公司 Aker BioMarin 是以这种方式使用重要性评估的典型实例。该公司是世界领先的磷虾产品供应商，这些产品富含可用于人类和动物营养的 Omega-3。该公司一直致力于将可持续性融入商业模式中，而重要性评估是这项工作的核心。其可持续发展战略的基础是联合国可持续发展目标（SDG）。Aker BioMarin 选择了 17 个可持续发展目标中的四个作为其战略重点：①消除饥饿，实现粮食安全和改善营养，促进可持续农业发展；②确保健康的生活并提升所有年龄段的所有人的福祉；③确保可持续的消费和生产方式；④保护和可持续利用海洋及海洋资源促进可持续发展。

选择这些目标作为战略优先事项可以使企业及其可持续发展总监 Cilia Holmes Indahl 在评估重大可持续发展问题时得到进一步指导，从而将适当的可持续发展实践以协调财务和可持续性相关目标的方式纳入企业商业模式。

让可持续发展业务蓬勃发展

想要促进企业财务绩效的可持续发展必须同时着手两件事：第一，必须使企业减少阴影面和/或增加光明面，无论是通过减少自身的外部性还是通过帮助其他企业减少外部性；第二，必须通过直接或间接增加收入或在短期或长期内降低成本来提升企业财务绩效。

企业可以通过多种方式成功实现这一目标。首先，企业可以为客户提供新的或改进的价值类型使客户偏爱其产品或服务。其次，企业可以吸引原本无法利用的资源，如被企业可持续发展形象所吸引的员工、投资者或合作伙伴。再次，企业的可持续发展实践使其能够开展原本无法进行的增值活动，这可能是吸引新的宝贵资源或合作伙伴的结果。最后，企业可以利用产品市场中无法获得的机会，如通过获得市场地位或声誉来提高竞争力。所有这些都涉及扩大企业的机会空间，使精心设计的可持续性实践能够使企业获得新商机或提高竞争地位。

有许多科学研究支持这种机制，并表明更可持续的企业可以获得独特的竞争优势。首先，高素质的员工越来越被他们认为更具可持续的企

业所吸引，甚至愿意为相对较低的工资工作（Koys，2001；Harter 等，
2002；Frank，2004；Turban 和 Greening，1997）。其他研究表明，负责任
的企业具有较少的资本约束（Cheng 等，2014）。例如，中国最大的银行
之一正在筛选所有企业的贷款申请以应对气候风险。此外，有研究表明，
无论客户是企业还是个人，他们都更信任他们认为负有责任的企业，这
反过来可以促进经济活动并降低交易成本（Zsolnai，2004；Jørgensen 等，
2018；Bartling 等，2013）。在某些产品和服务类型中，客户更喜欢他们认
为负责任的企业，在某些情况下他们可能对这些企业更忠诚（Sen 和
Bhattacharya，2001；McWilliams 和 Siegel，2000；Bollen，2007）。此外，
更遵从利益相关者导向与创新能力有关（Flammer 和 Kacperczyk，2015）。

除此之外，与利益相关者保持广泛联系的企业可能会在早期发展自
身能力来应对市场变化，这可能反过来有助于提升他们的创新能力。最
近的研究表明，股东参与度与创新之间存在正相关关系（Flammer 和
Kacperczyk，2016）。对可持续性投资的最终驱动力是对未来法规的预期，
主动减少阴影的企业在未来的监管中可能会有先发优势（Nehrt，1998）。
这些都是可持续性实践直接或间接促进企业财务绩效的机制。值得注意
的是，也有一些研究表明这些影响较小甚至可以忽略不计，然而结论高
度依赖于所测量的内容和假设的时间水平。

无论您对可持续发展实践对企业的潜在积极影响的评估是乐观还是
较为温和，强调结果而不是放任自流并优先考虑重大问题对于认真对待
可持续性的企业都是至关重要的。有关可持续性实践及其后果的知识也
表明，企业应根据他们的既定目标更好地调整自己的实践。这就引出了
一个问题：可持续性实践的驱动力对如何设计这些实践意味着什么？

回答这个问题需要区分"推动"和"拉动"因素对企业在可持续发
展实践中的投资。这些因素分别反映了当前商业模式的积极方面和消极
方面，消极方面"推动"企业朝着更可持续的解决方案前进，而积极方
面具有足够的吸引力以"拉动"企业进行改变。在表 10-1 中，我们区分

了这两类可以影响可持续性实践驱动力的因素。此外，我们分别提供了与产品市场、要素市场、资本市场、监管环境和社会文化环境相关的此类因素的例子（Horbach 等，2012）。

表 10-1 可持续商业模式创新的"推动"和"拉动"因素

	"推动"因素	"拉动"因素
产品市场	竞争对手提供的产品和服务更具吸引力，更具可持续性	客户需要更可持续的解决方案
要素市场	关键投入变得越来越少，因此成本也越来越高	与众不同的机会
资本市场	合作伙伴的要求	更具可持续性的企业吸引了高素质的员工
监管环境	业主和贷款人的要求	新技术使人们更容易、更便宜地实现可持续发展
社会文化环境	更严格的法规或税收的威胁	以对可持续性风险的厌恶吸引长期投资者

如图 10-1 所示，有许多因素推动企业变得更加可持续。企业如何确定优先级将取决于企业的类型。例如，一些企业（如食品行业和交通服务业）更受可持续生活方式的影响。同样，一些企业（如金融机构和水产养殖公司）更容易受到法规的影响。此外，一些企业将从技术创新中受益匪浅，这些技术创新使他们的业务模式更容易实现可持续发展，如可以使用 3D 打印机来减少其供应链中运输需求的企业。

这些驱动因素将在不同时间和不同程度上影响不同的部门。例如，利益相关者的巨大压力和客户的要求驱使大型食品生产商在 2014 年左右从产品中去除棕榈油。在挪威，零售公司 Norgesgruppen 公开呼吁对挪威企业实施更严格的环境监管，除了希望实现绿色经济外，还可能是因为 Norgesgruppen 知道这将使公司相对于竞争对手具有先发优势，毕竟 Norgesgruppen 已经进行了大量投资以提高可持续性。此外，质量更好、更便宜的太阳能电池板的普及使阳光充足地区的企业更容易使用这项技术用可再生能源代替部分能源消耗。表 10-1 中的哪些因素适用于单个企业、因素的影响有多强、将影响企业优先考虑哪些可持续性问题、企业依次进行的实践类型等对于企业逐步调整可持续性和盈利能力至关重要。

联合利华遍布全球，其可持续性实践也是如此。该公司与当地企业家合作，通过分散的销售网络为东南亚的贫困客户提供卫生产品的使用权。联合利华还发起了大规模的节水和再利用措施并试图在整个价值链中进行扩展。此外，该公司还在拉丁美洲转向更可持续的大豆生产方式，该地区长期以来的大豆生产方式一直对生态有害。联合利华在全球众多价值链上所做的所有主要和次要努力的共同点在于，该公司已评估了可持续性问题的重要性。在此基础上，公司优先考虑在以下三个方面具有最大价值的计划：经济、社会和环境绩效（Elkington，1997）。通过这样做，该公司增强了其可持续和盈利的能力。

11

三维而非一维

底线正在三维化（见图 11-1）。为了达到这样的效果，整个组织的设计必须使企业能够持续盈利。这就需要在社会、环境和财务上设定正确的目标；组织设计需要测量和监测正确的事物传达给需要信息的人。至少，组织设计需要奖励那些能够帮助企业变得更可持续的个人、团体和实体。这样就可以拉动企业朝着正确的方向持续前进。

图 11-1　三维而非一维

11.1　引领

你能想象在火星上死去吗？特斯拉和 SpaceX 的首席执行官 Elon Musk 表示他愿意这么做。他还说过，如果某件事足够重要，就应该去追求它。Elon Musk 最近高调地将一辆汽车送入太空，上面写着"不要惊慌！"David

Bowie 的"太空怪癖"在立体声音响上无休止地循环播放，Musk 似乎确实成功地探索了太空。

2003 年，一群工程师在硅谷创立了特斯拉，以证明电动汽车的性能可以超过内燃机汽车。自那时起，该公司就用其电动汽车彻底改变了汽车行业，并已经全面地创新了其商业模式，使其已不仅仅是一家普通的汽车制造商。

特斯拉生产和销售越来越多的汽车并开发新的车型——最近，它已公开其生产特斯拉卡车的意图。该公司的目标是逐渐降低汽车的价格，从而使特斯拉实现其愿景：加速建设一个拥有可持续交通的世界。Musk 关于"超级回路"的想法中，"超级回路"可媲美气动管，据推测可以使人员以最高 1220km/h 的速度进行运输。Musk 和他的工程师在一份长达 57 页的设计文档中描述了这一概念，他们将其免费分发给任何有兴趣的人。Hyperloop Technologies 现在正在努力实现该项目，并希望在 2020 年左右将该概念商业化。

Musk 作为 PayPal 创始人之一，已经开始了 SpaceX 项目的工作。SpaceX 开发、制造、销售和发射航空航天设备。该公司旨在使人们移民其他星球，因此 Musk 渴望在火星上生活（或死亡）。Musk 还是迅速成长的公司 SolarCity 的创始人之一，SolarCity 是美国第二大太阳能供应商。Musk 透露，他计划整合特斯拉和 SolarCity 的商业模式以将公司的出行服务和能源解决方案结合在一起。但更重要的是，Musk 必须确保其各种业务的经济可行性，因为在撰写本书时，许多分析师都在思考特斯拉是否确实能够在财务上生存。

像许多其他著名 CEO 一样，Musk 也是基金会主席。Musk 基金会旨在向灾区推广太阳能。此外，他还为许多其他企业担任各种角色，这些企业涉及运输、能源和创新。在这些方面，Musk 在向绿色未来转变的过程中发挥了领导作用，这既得益于他的正式角色，也得益于他作为全球思想领袖的地位。因此，他致力于建立对问题以及潜在解决方案的认识，并参与创造可实现的解决方案。Musk 和其他高管在企业内外所扮演的领导角色是实现变革的关键。

毫无疑问，Elon Musk 对特斯拉和 SpaceX 有着财务上的野心，他对增长和市场份额十分关心。同时他清楚地表明，他所有项目的社会层面和环境层面也很重要。他显然成功地动员了各个级别的员工朝着同一个方向努力，为一个更加可持续的世界找到更加雄心勃勃的解决方案。对设法将可持续性和盈利相结合的企业的研究表明，组织最高层级对可持续性工作的承诺和锚定对于动员和激励员工遵守可持续性愿景至关重要（Eccles 等，2014）。仅仅强调财务、社会和环境绩效的三重底线是不够的（Elkington，1997），还必须以可信、相关且能够激发员工贡献的方式与员工进行沟通（Du 等，2010；Strand，2013，2014）。这进一步要求以支持这些目标的方式设计组织，以支持组织设计和管理控制系统（Gond 等，2012；Schaltegger，2011；Gulbrandsen 等，2015）。为了获得真正的三维绩效，领导力和组织设计必须为其提供便利。

带我去见你的领导

哈佛商学院教授 Clayton Christensen 在其著作《创新者的 DNA》中提出：驱动创新的领导者具有什么样的特征？他总结说，领导者及其特征对于企业的创新能力至关重要。领导力包括为管理者和组织的目标提供支持。例如，管理者可以通过让工作对员工有意义来做到这一点。员工不一定要服从命令或盲目地由正式框架领导自己，这意味着自愿行动是一个重要但往往被忽视的有关领导权的概念。在大多数情况下，管理者有能力引导员工朝着理想的方向前进。然而，管理不仅仅是控制，领导能力和控制能力都是管理者必不可少的工具。

员工和其他利益相关者都有选择的自由，因此管理者只能在有限的范围内控制利益相关者的行为，尤其是在企业打破以往做法的情况下（如试图开发更可持续的商业模式时）。管理者面临的一个关键挑战是将员工的注意力引导到衡量企业的三个维度上。

简而言之，我们可以说，好的管理者设法通过使目标有意义来促进协作（Shamir 等，1993），但是他们也设法通过组织的正式结构来控制员工。由于目标和实现目标所涉及的任务的特征，提高员工的可持续性绩效对员工来说是有意义的。例如，员工可能会发现，采用新技术减少排放量或改善供应链中员工的条件可能会带来激励。但是，如果目标本身（即员工共享并努力奋斗的愿景）对每个员工都有价值，那么朝着实现这些目标努力也是有意义的（Deci 和 Ryan，2000）。

因此，特斯拉和 SolarCity 这样的企业可以为员工提供有价值的可持续发展相关工作。同时，员工还可以发现这些企业为更可持续的未来做出贡献的愿景，这是有价值且有激励性的。必须强调的是，组织的目标、愿景和价值观是指企业中每个人都必须愿意共同努力实现的理想未来状态。因此，领导力包括通过确定方向、努力为目标创造支持并激励员工和其他重要利益相关者之间的合作来实现这些目标。

不同层级的领导

像 Elon Musk 和 Interface 公司的 Ray Anderson 这样富有远见和活力的领导人也许很容易令人失去信心。大多数管理者可能既没有能力也没有资源成为大规模变革的创造者，而且缺乏这样的抱负。因此，重要的是关注每天都能遇到的"平凡英雄"。市政技术部门的负责人就是一个很好的例子，他为自己部门设定了新的目标，激励他的员工、行政主管和当局领导者在公共交通和自己的车队中采用更可持续的新型燃料替代品。这不是可持续的商业模式创新，而是市政府提供服务方式的改变。应当指出的是，这是市政府的一个重大变化，它需要许多利益和目标不同的利益相关者共同努力以实现新的可持续性目标。

我们还遇到许多其他示例：首席可持续发展官成功地改变了大公司的采购政策；人力资源经理可以显著改善公司的健康、安全和环境

（HSE）实践；产品设计师重新设计产品，使其更具资源效率和环境效益；营销部门经理与 CFO 联手寻找在以前无法使用此类产品的市场中提供现有产品的新方法。通过与私有、国有和志愿部门的大大小小组织的经理进行多次对话，我们积累了可持续业务的经验。有趣的是，由组织基层发起的细微变化也可以引导组织朝着更可持续的方向发生重大改变。这可能正是因为对组织中创造、交付或获取价值的方式进行更改时也会波及商业模式和运营的其他部分。

因此，"领导力只发生在组织高层"的说法是一种误导，发展可持续的商业模式是企业各级领导共同努力的结果，是拥有不同专业知识和经验的利益相关者对现有实践提出质疑的结果。通常情况下，企业内外的领导和利益相关者必须共同努力制定新的路线。

成功做到这一点的领导者不仅是一盏指引道路的"明灯"，还必须能够制定新的愿景、目标和价值观并设法朝着新的方向发展。想要实现新目标，必须要有能够提供支持的组织设计（特别是管理控制系统和其他关键之处），即鼓励和支持所有三个绩效维度的绩效。Elon Musk 和他所参与的企业并不是仅凭远见卓识的领导才能取得成功的。为了成功完成项目，特斯拉、SpaceX 和 SolarCity 完全依赖于正式的系统和结构。它们的成功也是适当的管理控制和组织的结果，这有利于可持续性和盈利能力的统一。

11.2　建设更美好的世界

乐高告诉我们，用正确的方式使用正确的积木就可以创造任何东西。企业决策者可能已经意识到这也适用于那些试图变得更加可持续的企业。

2015 年，乐高宣布向丹麦投资 10 亿克朗以寻找可持续原材料，朝着可持续方向实现了巨大飞跃。为了实现这一目标，该公司建立了一个新的部门——可持续材料中心，该中心有 100 名员工致力于以更加环保的方式替换公司现在生产乐高积木的石油基塑料。乐高 CEO JørgenVig Knud Torp 表示这是实现公司目标：到 2030 年仅使用可持续材料生产积木的重要一步。从 2018 年开始，乐高积木中的"灌木"和"树木"将使用从甘蔗中提取的植物性塑料制成，以后这些材料还将用于其他乐高产品中。

这些变化提升了企业的可持续发展绩效，包括减少碳生态足迹、减少产品包装尺寸以及投资于企业自有风力发电场等。2014 年，在绿色和平组织（Greenpeace）与壳牌的一场持久对抗结束后，乐高决定退出与壳牌自 20 世纪 60 年代就已签订的合作协议。因此，改变乐高积木原材料的决定只是整个乐高商业模式朝着更可持续的方向进行更大变革的一部分。然而主要的挑战仍然存在，这与消费、浪费和不断扩张的乐高主题公园的阴影面有关。

新的可持续材料中心将设在丹麦比隆的乐高总部。乐高集团所有者 Kjeld Kirk Kristiansen 表示这项投资是公司愿景的一部分，旨在为子孙后代继承的地球留下积极的生态足迹。这也符合他的祖父——乐高创始人 Ole Kirk Kristiansen 的座右铭："只有最好的东西才够好。"仅在 2014 年，乐高积木的产量就超过 600 亿块，其生态足迹十分庞大。因此，该公司在 2012 年开始寻找新的解决方案以减少其社会和环境外部性，并开始与包括世界野生动物基金会（WWF）在内的合作伙伴合作以寻求提高可持续性的方法，这包括在使用寿命结束时回收产品。但是，为了取得成功，乐高必须确保适当的组织设计和管理控制系统以支持其愿景中的三维目标，这对于实现公司的宏伟目标是必要的。

可持续性组织

以反映和支持公司财务、社会和环境层面的方式设计组织是一个综合性的挑战，重要的是动员和帮助各级员工为企业的可持续发展做出贡献。仅仅从三个方面制定目标是不够的，且企业的设计必须使员工能够按照这些目标行事。图 11-2 说明了可持续性组织的四个特征，这些特征对于在所有三个绩效维度上促进实现目标尤为重要。四个特征为：①在组织内分配权力及问责，并将适当的能力置于组织的适当位置；②与组织内外的利益相关者联系；③开发和监控控制系统和性能指标；④制定适当的激励结构。

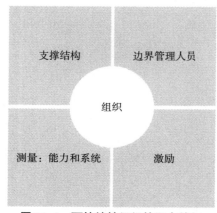

图 11-2　可持续性组织的四个特征

支撑结构

为避免让可持续性仅仅作为庆祝演讲的主题及企业网站和年度报告的装饰而存在，可持续性工作的负责人必须在企业中拥有真正的影响力。乐高显然就是这样，该公司成立了一个独立的部门，拥有可靠的预算和专门的经理，该经理是企业执行管理层的一分子。

任何组织设计的最重要特征之一就是赋予某些人对企业资源的决策权以及相应的责任，这些决定权决定了他们做出选择和利用必要资源开展活动的机会（Foss 等，2012）。

然而，可持续性工作并不由公共关系部门负责，可持续发展中心将位于公司活动的中心。通过这种方式，该项目成为组织的核心，使工作人员更有可能采取必要的措施来提高企业的可持续性绩效。

搭建一座通向周围环境的桥梁

企业不是一座孤岛，每个组织都依赖环境中的众多利益相关者，这些利益相关者有助于组织实现其目标。边界管理人员在其中起到关键作用（Aldrich 和 Herker，1977）。边界管理人员包括组织外界的个人、团体或实体，他们在组织嵌入环境的关键区域工作，与利益相关者沟通，也可以推动创新项目。例如，乐高让客户参与创新活动以鼓励他们为新产品和产品线提供建议。

边界管理人员有两个主要作用：首先是收集和处理对企业有益的信息；其次是在外部环境中代表企业，如进行利益相关者对话。边界管理人员的工作为企业风险管理提供了支持，且有助于收集对业务发展和创新有价值的知识（Aldrich 和 Herker，1977；Seuring 和 Gold，2013）。

以这种方式与利益相关者保持联系涉及责任（"谁受公司活动的影响，这对公司意味着什么？"）和机会（"谁能够影响公司的活动，这对公司意味着什么？"）两个方面。乐高在开放式创新中利用了机会，也通过解除与壳牌等合作企业的合作及建立与 WWF 等非政府组织的合作解决了责任问题。例如，乐高与供应商紧密合作以试图减少其供应链中的阴影面。

更好的控制面板，更好的管理

监控和管理绩效对任何组织来说都是一个关键的挑战，这涉及制定有效的绩效指标以反映企业实现目标的程度。此外，还需要系统地收集指标的数据并相应地调整进程。即使企业仅以一个绩效维度（即财务状况）运营，这也是一个非常困难的挑战，认真对待三重底线会使其变得更加困难（Perrini 和 Tencati，2006；Schaltegger，2011）。

对社会和环境绩效进行真正的绩效管理意味着需要对外部性进行监控和跟进（Epstein 和 Roy，2001），其中的主要挑战是为社会和环境绩效制定适当的指标并收集相关数据（Keeble 等，2003；Gulbrandsen 等，

2015）。此外，很难对三个绩效维度进行比较以引导企业活动朝着考虑到所有三个维度及其相互关系的方向发展。

企业可持续发展实践的一个重要趋势是制定适当的关键绩效指标（即 KPI），这些必不可少的管理工具可以改善决策。外部报告也是很重要的（Perrini 和 Tencati，2006），越来越多的企业在可持续发展报告或综合报告（Eccles 和 Krzus，2010；Etzion 和 Ferraro，2010）中报告其社会和环境绩效。因此，我们已经迈向一个投资者和其他利益相关者可以依赖此类非财务信息的世界（Serafeim，2015）。

然而，衡量和管理社会和环境绩效需要员工具备识别现有 KPI 或开发与这些维度相关的新 KPI 的技能。有许多此类标准化指标，如全球报告倡议（GRI）框架或 FutureFit 框架等，企业也越来越多地定制与标准化指标结合使用的措施和指标以便更好地管理其他绩效的重要方面。由于负面的社会和环境外部性很大程度上是单个企业（或行业）所独有的，因此通常可以将与企业相关的标准化指标（如二氧化碳排放等）和针对企业光明面及阴影面的特定指标结合起来使用（Eccles 等，2012 年）。

组织设计的最后一个重要特征是，要想变得更具可持续性就必须采用激励措施。为了成功实现这一目标，企业可以制定一套激励机制以促进可持续行为并抑制对社会和环境有害的行为（Kiron 等，2004，2012；Eccles 等，2014；Gulbrandsen 等，2015）。这不仅限于经济激励（如工资、奖金等），还可能涉及组织激励（如组织文化激励）、社会激励（如社会规范或各种形式的压力服从）、道德激励（如对组织内正确做法的共同信念）（Jørgensen 和 Pedersen，2011）。

任何组织成员的时间和资源都是有限的，在日常工作中区分许多不同任务的优先级时，员工会强调他们认为最重要的任务。对于员工个人来说，重要和优先事项主要是从"是否存在与实现既定目标相关的积极或消极动机"的角度来判断的，这可能涉及与社会或环境目标相关的特定财务激励。从组织的角度讲，这可能会给在这些方面表现突出的员工带来晋升或其他福利。人们如何谈论和看待组织目标是组织和社会激励措施实施的重要影响因素。

员工激励是促进可持续发展的有力举措，研究表明，在可持续发展方面表现特别出色的企业通常会对相关管理者进行财务激励，然而应谨慎使用此类工具，以避免挤占员工实现社会和环境目标的内在动力。我们有理由相信，将激励措施与非财务绩效挂钩可以促进员工实现这些目标的动力，因为这可以增加员工为企业盈利能力以外的事情做出贡献的经验（Pedersen，2013）。

国际铝业巨头美铝公司因其可持续性管理控制系统而受到关注（Epstein 和 Buhovac，2014）。该公司在确定关键 KPI、设定具体目标、设计度量系统、将高管薪酬与可持续发展相关目标的实现联系起来并透明地报告其绩效和高管薪金含义方面是先行者。该公司确定了其主要的阴影面并设定了改善这些阴影面的目标，依次在公司网站和年度报告中予以公开。随后，公司对这些 KPI 进行测量，并将高管人员基于绩效的薪酬中的很大一部分同实现与可持续性相关的目标联系在一起，公开目标完成进展以及不成功的目标，并报告基于绩效的薪酬的具体含义。这使利益相关者能够监视公司自我报告的目标、绩效和进度，从而激励公司变得更加透明并同时激励管理者。

12
及时 RESTART

Sveinung 和 18 岁的女儿 Rannei Johanne 到达太子港后，塑料银行作为东道主，派出员工承担起了"临时保镖"的角色。那是海地极不稳定的一段时期，临时总统 Jocelerme Privert 的 120 天任期届满后紧张程度更甚平时。总统失去了公众信任但无意放弃权力。政治动荡，街头混乱，暴力升级，就在 Sveinung 和女儿抵达太子港前一周，一名瑞典游客在光天化日之下被枪杀。

由 Sephora Pierre Louis 领导的塑料银行当地管理团队意识到 Sveinung 二人需要他们的保护。抵达后，他们坐上一辆深色车窗的汽车朝着塑料银行总部疾驰而去。我们在本书前面讨论过，这家企业因其创新的商业模式而广为人知，这种商业模式使塑料成为收集塑料的穷人的货币。应创始人 David Katz 的邀请，Sveinung 来到海地近距离研究该公司的商业模式，他希望更多地了解这样一种商业模式如何在海地不稳定和混乱的背景下运作。

我们以在卢旺达停留的故事开始这本书，卢旺达禁止旅客携带塑料入境。此后，许多国家开始禁止使用某些塑料，塑料银行正在努力解决的塑料问题日益恶化，这也导致人们更加关注这一问题。海地天气炎热，人们不得不购买瓶装或袋装水。该国每天消耗数以百万计的袋装水，其中大部分被丢弃在地上，街道、河流和运河被塑料瓶、塑料袋、聚苯乙烯和其他废物淹没。人们在街道上焚烧垃圾，城市周围的山脉上随处可见许多大小不一的啤酒瓶。塑料银行已经在海地建立了 30 个回收站，人们可以在这里用塑料换取现金、为手机充电或进行其他服务。目前，大约有 3500 人在收集塑料，塑料银行的目标是在海地首都太子港以外的不同地点建立 200 个这样的回收站。

海地人民每日早起，走很长一段路来工作和养家糊口。一大早，人们就聚集在街上出售香蕉、旧鞋、汽车零件和所有其他能够想到的产品和服务。把塑料变成货币使人们能够用塑料来换取金钱和其他服务，塑料银行正在为许多人创造价值，而且因此避免塑料在雨后流入大海。我们的愿景是在许多国家（亚洲是下一站）建立这种商业模式，这些国家的塑料和贫困问题非常严重。为进军亚洲市场，塑料银行还与 IBM 合作为穷人建立了一家基于区块链的银行从而进一步成为一家真正的"银行"，正如该公司的名称所示。

挑战之一是让全球大型企业购买和使用再生塑料。当前的低油价意味着原始塑料生产成本低廉，企业需要客户为再生塑料制造的洗发水瓶、太阳镜和衣服支付更多的费用。目前，公司依靠客户和其他利益相关者为再生塑料支付溢价，而塑料银行则继续降低成本，创造规模经济以实现成本效益。这家塑料银行仍在压低与生产相关的成本并在近年来设法获得了许多大额合同。例如，2017 年末该公司与德国化工和消费品公司 Henkel 签订合同，后者打算在其产品中使用再生塑料材料。

为了提高运营效率，塑料银行正试图让海地的塑料收集者进行合作。该公司刚刚成立了三个合作社作为试点，几个塑料收集者在这里进行合作。通过这种方式，收集者可以收集更多的塑料，从而提升议价能力。Sveinung 和 Rannei Johanne 参观了其中两个合作社以了解他们的工作方式。海地仍未走出 2010 年大地震（造成 20 万人死亡）的阴影，一群衣衫褴褛的收集者在炽烈的阳光下工作。一个女人嘴里叼着一根大管子，把瓶子上的标签取下来，而另一个女人则清洗瓶子，第三个人把不同类型的塑料放在大袋子里分类，另外四个人在外面收集瓶子。

他们都住在同一地区，孩子们在塑料袋之间玩耍和睡觉。很少有人会读、写或掌握简单的数学。因此，每个合作社都有一名会计师负责记录每个成员的绩效以及合作社将塑料运送到回收站时可以获得的报酬。塑料银行开展了强化培训计划，而赋权是一个关键考虑因素。因此，人们特别支持和鼓励年轻会计师完成高中学业，他们轮流工作以分担团队的任务。Sephora 和她的同事则负责培训合作社的成员以及其他收集者。

塑料银行与一些企业合作粉碎塑料瓶并向全世界的客户分发塑料。从塑料收集者到与大型塑料采购公司进行业务往来的高管，公司各级都在努力工作。然而，Sveinung 和 Rannei Johanne 亲身体验该公司的运营时，海地的污染问题和极端贫困仍然十分严峻。这种商业模式有助于企业在本地和全球范围内发挥作用，但是这需要重新启动商业模式——在"金字塔"的顶层、中间和底层。

12.1 并非易事

塑料银行及其在海地的项目说明了应对全球可持续性挑战的难度。海地几乎可以作为三重底线的"最坏情况"示例。该国的经济完全崩溃，社会动荡和不稳定破坏了国家重建能力，并给参与重建的企业和其他组织带来安全风险。基础设施不完善和体制失灵导致对环境的破坏和污染正在增加。这一切都意味着在海地开展业务非常困难。许多企业在为绿色经济做出贡献时都面临着这一现实，无论是在"金字塔"底层工作还是与这些在市场开展业务的全球供应链合作都是如此。各企业意识到它们在这些市场中面临的社会和环境问题是复杂而全面的，不会在一夜之间解决，也无法由任何一家企业独自解决。

商界、政界和民间组织领导人都逐渐意识到向更可持续发展的方向进行绿色转型势在必行，不过他们中的大多数人也承认这绝非易事。Lord

Nicholas Stern 及其同事的研究结论与此一致，他们发表的《气候经济报告》认为，绿色增长是可能的，但这将需要商业模式及生产和消费模式的重大转变（Richardson 等，2009）。这也意味着许多现有商业模式将消失，许多现有企业将无法成功转型从而无法生存。从可持续发展的角度来看这也许是件好事，毕竟这是一种新事物取代旧事物的创新。

本书研究了许多绿色转型成功的典型案例：那些既有能力也有意愿对其商业模式进行广泛变革的企业能够以某种方式解决所面临的问题，同时在其经营的市场中获得优势。但是我们不能自欺欺人地认为这样的变化或任何积极后果是很容易实现的，相反，变化存在难度且其后果无法预知。

12.2　准备好，设置，重启

所有企业都可以尝试更可持续的商业模式。全球众多企业的小规模变革加上推动我们朝同一方向发展的重大技术和行为转变的共同作用，可以帮助我们在绿色转型方面取得成功，通常来说作为第一步的 RESTART 最为困难。本书中许多示例都说明，正如我们在许多企业所看到的那样，无论是在企业内部还是在行业内，朝着可持续发展方向的运动经常像涟漪一样在水中扩散开来。

也许本书中没有一家示例企业是真正可持续的，然而他们中的一些正在绿色增长的道路上变得更加可持续，一些企业不得不耐心地探索盈利之道：长期以来，Facebook 盈利极低，分析人士对该企业的商业模式表示怀疑；Spotify 仍在努力使其增长可观的流媒体服务实现盈利。我们需要对那些试图改变其商业模式以协调可持续性和盈利能力的企业保持耐心——成功的道路需要反复试验且该过程需要不断调整。

| 第三部分 |

启示及未来研究

　　本书最后部分概述了 RESTART 框架对实际应用和未来研究的启示。在提出 RESTARTer 之前，我们首先对 RESTART 框架进行了总结，RESTARTer 是一个在实践中进行可持续商业模式创新的过程模型；其次讨论了基于 RESTART 框架的未来研究途径；最后探讨了两个案例，一个是 Scanship 公司，另一个是 Orkla 和 BIR 公司之间的联盟。因此，我们既应用了过程模型，又在框架的扩展中探索了进一步的研究机会。

13
RESTART 框架概述

在本书的第二部分中我们开发了 RESTART 框架及其七个组成部分，每一个组成部分都揭示了一个使企业协调可持续性和可盈利性的重要发展方向，在下面的章节中，我们将从潜在的实际含义开始引出框架的含义。然而，在企业如何设计和创新更可持续的商业模式方面还需要更多的研究探索。现阶段该框架可以向旨在调整其可持续发展绩效和商业绩效的企业以及对研究此类现象感兴趣的研究人员提供启示和引导。

前文基于 RESTART 框架探讨了未来商业模式的以下相关主张：需要经常重新设计；需要控制实验；以服务逻辑为特征；基于循环经济的理念；联盟更加重要；为了取得正确的结果；三维坐标。

乍一看，似乎并非所有七个组成部分对所有企业都同样重要。然而，所有的企业都或多或少地需要改变其商业模式，并需要思考、表达和行动的合适工具以重新设计未来的商业模式。为了取得成功，企业有必要进行受控实验以确定和分析有效及无效事项。多数情况下服务逻辑能够促进可持续商业，在服务逻辑中，价值创造和价值交付的方向是让客户获得所需要的东西，而不是以基于所有权的产品的形式提供。世界上没有一家企业可以不使用能源、水和其他自然资源，或者在某种程度上不产生多余的资源和运营浪费。为了使一种与财务绩效相适应的方式变得更加可持续，从循环经济的角度来思考资源获取、加工、利用和最终再利用的方式是有帮助的。促进服务逻辑和循环解决方案通常要求企业与其他实体结成联盟以创造和交付价值。为了设定正确的目标并确定工作优先级，必须强调结果的重要性，对核心业务来说尤其重要。为了成功实现这些目标，整个组织的设计必须体现三维坐标，即社会、环境和财务目标，反映在组织设计、领导和管理控制系统中（见图 13–1）。

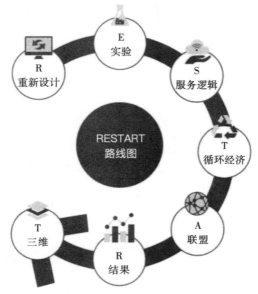

图 13–1　RESTART 路线图

在接下来的章节中，我们将概述该框架对实际应用和未来研究的启示。首先，我们介绍了 RESTARTer——一种在实践中促进可持续商业模式创新的过程模型。其次，我们根据框架的七个组成部分概述了其对未来研究的意义。最后，我们提出了两个案例研究，Scanship 公司以及 BIR 和 Orkla 这两家公司之间的联盟。

14
可持续商业模式创新的过程模型

在本章中，我们将进一步探讨如何基于 RESTART 框架在实践中进行可持续的商业模式创新。与任何创新过程一样，这将要求组织进行重大变革，涉及相当多的管理和领导挑战。该过程需要有进入"创新暗室"的意愿，需要拥有在"暗室"中提出正确问题的能力以找到"电灯开关"。为此，我们开发了"RESTARTer"，这是一个可以在上述过程中起到启发和指导作用的过程模型。

我们认为，未来企业将不得不更频繁地重新设计其商业模式。三大趋势推动了对可持续商业模式创新的需求：第一，全面的可持续性问题，这对企业既是威胁也是机遇；第二，与数字化和第四次产业变革相关的技术机会空间，这使得旧的商业模式过时并为全新的商业模式打开大门；第三，消费者偏好、生活方式和消费模式的持续变化，使新类型的价值创造成为可能和必要。

最大的问题是企业应如何设计将这三种趋势都考虑在内的新商业模式。

作为研究者，当我们与企业合作时，我们的目标之一是使企业管理者能够开发出经验性测试的问题，并为简单的试点测试、A/B 测试或实验奠定基础。我们与企业的合作促进了 RESTART 框架的开发，在创新过程中与管理者合作也使我们相信管理者需要一个基于知识的模型来指导其创新过程，而 RESTARTer 旨在成为这样一种工具。该过程模型提供了"30000 英尺高的视野"，旨在帮助管理者在正确的时间提出正确的问题，从而更接近创新暗室中的"电灯开关"。

我们将 RESTARTer 视为一个反复的过程模型，可持续的商业模式创新过程可被分为四个阶段（见图 14-1）：①识别商业模式——认识自身现状并确定变革必要性；②重新思考商业模式——确定改进商业模式的机会、威胁和可能性；③重塑商业模式——假设、测试和选定新商业模式；④重组商业模式——实施新商业模式。

图 14-1　可持续商业模式创新的 RESTARTer

商业模式是 RESTART 框架的重点，因此我们将其置于模型中间。三个圆圈代表了企业如何创造、交付和获取价值，围绕商业模式的四个方面和循环箭头代表了识别商业模式、重新思考商业模式、重塑商业模式和重组商业模式四个阶段。这四个阶段都与商业模式相关，正如我们将在下面讨论的那样，RESTART 框架中的元素在从识别当前商业模式到重组新商业模式的整个过程中都起到重要作用。

我们建议，任何创新过程都需要从对当前商业模式及其缺点的认识开始。接下来的阶段是重新思考商业模式，包括审查来自新的和现有竞争对手的新商业模式的威胁，并深入探讨当前商业模式为何无法利用与市场、技术和消费者偏好变化有关的机会空间。前两个阶段（识别和重新思考）可以理解为问题的表述，而后两个阶段的目的（重塑和重组）是开发和测试新的解决方案并将其集成到新的商业模式中。

我们将在下面更深入地研究这四个阶段，首先我们在表 14-1 中概述了一些有助于创新过程的问题。

表 14-1　指导可持续商业模式创新四个阶段的问题

识别商业模式	● 您的目标客户是谁，他们有什么问题，您为他们提供什么产品和服务，您对这些客户的价值主张是什么？ ● 您如何实现价值，即哪些关键资源、活动和合作伙伴能让您随着时间的推移可靠地实现价值主张？ ● 您如何获取价值，即您最重要的收入和成本来源是什么？ ● 您目前的目标是什么？您的增长空间和时间范围如何？ ● 您的商业模式的主要负外部性和正外部性是什么？
重新思考商业模式	● 客户真正想做哪些工作？ ● 哪些技术和社会趋势及驱动因素影响您的商业模式？ ● 您所在行业的主要参与者是谁？ ● RESTART 中的要素如何激励可持续的商业模式创新？ ● 贵公司是否有变革平台和重启文化？如果没有，主要的障碍是什么？您如何克服它们？
重塑商业模式	● 您的新目标是什么？您现在的时间范围和增长空间如何？ ● 您的客户应该是谁？ ● 您的新价值主张应该是什么？如何以新的方式交付和获取价值？ ● 新商业模式上市需要具备哪些条件？ ● 如何测试和试验新的商业模式？
重组商业模式	● 在您的商业模式中，创造、交付和获取价值的新方法之间是否存在着密切的关系？ ● 您是否有组织地利用您的资源并促进价值创造活动？ ● 您在策划、促进和交流真正重要的事情吗？ ● 您如何为 RESTART 做好准备？

14.1　进一步审视可持续商业模式创新的四个阶段

RESTARTer 的灵感来自商业模式创新文献（Osterwalder 和 Pigneur，2010；Kaplan，2012；Gassmann 等，2014；Morris 等，2005；Foss 和 Saebi，2017；Zott 等，2011）和组织变革文献（Lewin，1947）。Lewin 的著名模型表明，变革过程分为"解冻—变革—冻结"三个阶段。解冻使组织准备好进行变革，变革指的是新解决方案的实施，而冻结（或再冻结）是使组织保持新功能。为了做出有影响力和持久的改变，这三个条件都是必要的。

如图 14-2 左上角所示，RESTART 的第一阶段是识别当前的商业模式，包括了解公司目前如何创造、交付和获取价值。此外，这意味着要审视当前商业模式的负面和正面外部性。与我们合作的许多管理者对他们的商业模式都有隐含的理解，我们在使用此框架时尽力让管理者显化地审视当前商业模式。企业家可能只对产品或服务有想法，而我们让他们花时间去识别目标市场中现有的商业模式。

如图 14-2 右上角所示，RESTART 的第二阶段是重新思考当前的商业模式，一方面要了解企业的商业模式，另一方面要分析企业的生态系统，包括重要的技术和社会趋势以及驱动因素、利益相关者、竞争对手和其他参与者。此外，企业必须评估与商业模式创新过程相关的内部因素。在这一阶段，评估企业是否有重新启动的文化以及高层管理团队和董事会是否有共同的"燃烧的平台"十分重要。如果情况并非如此，则应采取行动以确保重要的利益相关者"在船上"，并确保对当前商业模式需要解决的问题有共同的理解。

如图 14-2 右下角所示，RESTART 的第三阶段是重塑商业模式。爱因斯坦曾说过，如果只有一个小时来拯救世界，他将花 55 分钟确定问题，花 5 分钟寻找解决方案。换言之，他相信只要明白问题的实质就能找到解决办法。因此，我们可以将前两个阶段视为问题的表述，而将第三阶段视为寻找问题的解决方案。不难发现，真正新颖和创新的解决方案往往是由于问题的彻底解决而产生的，而前两个阶段暴露出的问题使管理者能够以新的眼光看待自己的组织。

商业模式重塑阶段中 RESTART 框架的几个元素是相关的，包括对新商业模式的理解（重新设计）、测试和试验（实验），以及从服务逻辑、循环商业模式和联盟的角度了解新商业模式的具体想法。一般来说，这一阶段的目标是开发和测试创造、交付和获取价值的新方法，同时减少商业模式的阴暗面，增加光明面。正如我们在本书中所讨论的，如何做到这一点取决于企业所处的行业、是否有可能将其产品数字化和虚拟化、客户是否需要更可持续的产品和服务等。

重新思考和重塑商业模式的一种方法是借鉴联合国全球契约（UNGC）中的思想，该契约定义了十项企业最低责任原则，即企业为确保在人权、劳工、环境与反腐败领域阴暗面最小化，需要在其战略和运营中融入的基本价值观。另外，联合国可持续发展目标可用于探索可持续发展的机会和商业模式的积极方面，即可持续发展的"好处"。不能指望一家企业能解决所有 17 个可持续发展目标，但在对当前商业模式及其正负外部性进行评估之后，管理者可以使用一个或多个可持续发展目标作为激励，以找到创造、交付和获取价值的新方法。如 Aker BioMarine 的案例中，考虑到其商业模式的性质后该公司积极利用可持续发展目标来优先考虑能够解决哪些社会和环境问题。类似地，其他企业也可以利用联合国全球契约的责任原则，审视他们的商业模式及其阴暗面，并制定可持续发展目标。

RESTART 的第四阶段是重组商业模式。Lewin 称这一步骤为冻结或再冻结，涉及对组织设计、领导、管理控制和治理体系进行变革。其目的是以一种有利于新商业模式的方式重建组织并确保所做的改变是持久的：

对新奇事物的热情消退后企业也不会回到改变之前。本书第 11 章的见解在这一阶段尤为重要且适用。

14.2　为什么要使用 RESTARTer

您可能会问为什么除了 RESTART 框架之外还需要 RESTARTer 过程模型？本书第二部分中我们讨论了 RESTART 的七个组成部分，然而遵循 R–E–S–T–A–R–T 的原则从重新设计开始到三个维度结束并不一定是有效。毋庸置疑，可持续商业模式创新的第一步并不是重新设计商业模式。这种重新设计肯定是过程的目标，但成功的重新设计需要在重新启动时使用其他六个组成部分的输入，以便理解如何以新的方式创造、交付和获取价值。

甚至可以说，实现 RESTART 的更好方法是反转字母的顺序，即执行 TRATSER 而不是 RESTART，这涉及从认真对待三维问题着手，以便在考虑财务、环境和社会维度的前提下定义企业新目标。反过来，该过程可以通过评估利益相关者和重要性来寻求正确的结果，从而增加收入和声誉、降低成本和风险以协调可持续和盈利。接下来的分析将基于联盟、循环经济和服务逻辑如何为新商业模式提供帮助进行，可以使用实验来测试这种新的商业模式，最后企业将基于这些分析为重新设计其商业模式做好准备。

14.3　启动 RESTART

我们的经验是，明智的管理者能够在商业模式创新过程中根据需要解决的不同问题，在不同时间使用框架的不同部分。企业通常会有不同的 RESTART 起点，正如本书第二部分中所讨论的，可持续商业模式创新过程中有很多驱动因素（见表 10-1）。

企业的一个可能起点是新法规的出台或降低成本的动力使企业需要变得更加循环。在这种情况下，讨论和分析通常始于了解什么是循环商业模式、采用哪种模式对企业意味着什么、企业需要与哪些合作伙伴进行协作、如何利用服务逻辑实现产品向服务的转变等。另一个可能起点是企业董事会或投资者要求进行可持续发展绩效重要性评估、风险评估或新的 KPI。重要性评估可能会使管理者意识到他们需要重新设计企业商业模式以满足利益相关者的期望，而新的 KPI 同样可能致使企业重新对如何实现和获取价值进行设计。

RESTART 的其他起点可以是新技术、市场新参与者的竞争、新法规、价格上涨或重要资源供应风险增加等。无论可持续商业模式的动机是什么，我们都建议管理者了解他们当前的商业模式以及与之相关的威胁和机遇，这是改变商业模式以更广泛地提高可持续性绩效和商业绩效的出发点。RESTARTer 可以用来构建创新过程，从而提出正确的问题以寻求正确的答案。

请访问我们的网站 www.JorgensenPedersen.no 以获取更多要点、视频和资料。无论是企业 RESTART 促进者、企业顾问、描述现有商业模式的企业家还是像我们这样的研究员，都需要一个可以进行实证检验的研究假设。在基于 RESTART 框架深入研究两个商业案例之前，我们将在以下章节中讨论这些研究项目，首先是对未来研究的途径进行一般性讨论。

15
未来研究方向

本书的出发点是对商业模式创新的需求，该创新可以使更多可持续且可盈利的商业模式成为现实。本书第一部分中讨论了为什么需要这样的商业模式，讨论了使可持续发展绩效和财务绩效相协调的总体目标，并阐明了成功实现这种商业模式创新要面临的挑战。在本书的第二部分中我们开发了 RESTART 框架，阐明了我们提出的在向更可持续的商业模式过渡过程中七个非常重要的特征。然而，实现这样的绿色转型需要更多的知识以了解这类商业模式的性质和特点。此外，我们需要了解这类商业模式为利益相关者创造价值的机制，同时确保这类商业模式不会破坏社会资源和自然资源。最后，我们需要对支持此类商业模式实施的管理、领导能力和组织能力以及治理结构进行实证研究。

本章中我们将讨论有关这些问题的未来研究途径。本书旨在为可持续商业模式创新的研究进程做出贡献，因此我们从概念和经验的角度探讨了这类商业模式的性质和特征以及如何设计和创新。在本书最后的部分，我们旨在阐明本书的讨论对未来研究的含义：有哪些未解决的问题？实证研究的沃土在哪里？有哪些有价值的研究设计和方法可以进一步阐明这些问题？在接下来的几年中，我们将看到此领域走向何方？

15.1 注意差距

对企业行为和不当行为（尤其是企业责任相关问题）的研究由来已久，甚至亚里士多德都探讨过利润创造问题并创造了"chrematisike"一词（Solomon，1992），但目前关于企业责任的讨论大多起源于 20 世纪（Carroll，2008）。20 世纪初，学术界对企业犯罪方面的企业责任进行了一些讨论，而关于企业社会责任的讨论始于"二战"后（Bowen，1953；Davis，1960；Katz，1960；Frederick，1960；Eells 和 Walton，1969）。Friedman（1970）的开创性作品和 Freeman（1984）关于可持续性的商业案例研究奠定了此领域学术和实践的基础。

可持续性努力并不是一个单一规模的全部现象，其中，可持续性问题是最重要的，哪些努力最适合解决异质性对企业在实践中的可持续性努力至关重要。

如本书第二部分所述，大量的相关文献研究试图将可持续性绩效与财务绩效结合起来。有人认为这些文献的结论因受所测量的时间范围（Wang 和 Bansal，2012）、结果变量的解释方式（Orlitzky 等，2003；Waddock 和 Graves，1997）以及实证研究背景（Strand 2017；Eccles 等，2015）等的影响而不足为证。也许，正确的问题不是投资可持续性是否有回报，而是可持续性实践能够通过何种机制带来企业绩效的改善。从本质上讲，这涉及思考商业模式与外部性（正外部性和负外部性）之间的关系以及如何在正确的时间以正确的方式关注正确的外部性，从而为企业的产品和/或要素市场带来利益（Jørgensen 和 Pedersen，2015）等。可持续性实践并不是"一刀切"的现象，可持续性问题最重要、最适合解决这些问题的实践也存在异质性，理解可持续实践的异质性对企业在践行可持续性过程中至关重要。对可持续性与企业绩效之间关系最有可信度的研究或许正是以精确性和专注性为特征的。例如，Khan 等（2016）研究企业可持续性问题的优先顺序与财务绩效之间的关系；Edmans（2012）研究社会绩效、工作满意度和企业价值之间的联系；Flammer 和 Kacperczyk（2015）展示了利益相关者导向与企业创新性之间的积极关系；Kang 等（2016）设法根据经验区分可持续发展工作转化为经营绩效的不同机制。

展望未来，我们相信这些正是我们需要扩展的研究类型。对这类机制的重点实证研究（理想情况下还可以通过实验干预进行）可以极大地加深我们对在实践中如何协调可持续性绩效和财务绩效的理解。下文中我们将在本书框架的基础上为进一步的研究指出有效途径，我们分享自己的部分研究进程并邀请所有研究人员加入我们。企业可持续性研究的方向是非常广泛的，远非本书所能概述。因此，我们的目标是概述可以作为本书延展内容的实证研究，特别是关于可持续商业模式创新现象的研究。

15.2　研究设计和方法

我们的框架没有假设特定的研究设计或实证研究，企业可持续性研究在理论和方法上具有高度的跨学科性和异质性。正如 Bass 和 Milosevic（2016）所指出的，定性研究设计在商业和社会研究中已显著增加，且定性研究设计非常适合解决可持续发展研究中许多尚未界定的问题和"混乱"现象（Eisenhardt 等，2016）。同时，已有大量研究使用定量的方法，包括商业案例研究、调查与可持续性实践相关的消费者行为的研究、调查可持续性决策的道德和社会心理学的研究等（洛克特等，2006）。

Crane 等（2018）回顾了商业和社会领域内的研究并在定量和定性之间进行了广泛的区分，即区分了定量研究方法、主要定性研究方法和混合方法。Crane（2018）展望未来方法学发展，强调未来的研究需要"应对未来的现实问题和挑战，需要阐明系统性问题从而跨越单个案例并进行更多理论上的实证研究"，需要更多的混合方法研究、基于原始数据的研究以及稳健性研究等。

我们认可 Crane 等提出的许多观点，围绕企业进行研究并与企业开展合作研究。我们的实证研究始于 21 世纪初的一系列定性研究，之后又对大范围的企业样本进行了一系列研究。结果表明，我们需要对企业的可持续能力进行实证研究以接近想要理解的现象。

因此，我们目前正在与现有的企业合作伙伴进行实地实验，并计划进行新的实地实验以研究本书中讨论的现象和关系。我们使用RESTARTer 工具，与其中许多企业同时参与创新过程。设计实地实验需要对深入了解背景并对要研究的最重要关系和要测量的结果有非常深刻的了解。实地实验是实验研究的一种，其特征是在决策者和组织成员实际进行选择和活动的领域中进行（Harrison 和 List，2004），从而在实证研究中实现实际与控制的结合（Levitt 和 List，2007）。由于实地随机化的可能性，实地实验可以更好地识别因果关系（Levitt 和 List，2009）。Delmas和 Aragon-Correa（2016）认为，这样的研究设计特别适合研究"与可持续性相关的员工或消费者行为的微观分析"。然而，正如 Chatterji 等（2016）所展示的，这种方法论方法还可以用来进行与企业级成果相关的干预和探究。本书讨论的许多重要现象都可以通过实地实验设计——一种企业可持续性研究领域相对新颖的方法——成功地加以研究（Delmas和 Aragon-Correa，2016；Crane 等，2018）。

然而，我们并不认为可持续商业模式创新中的所有现象都适用于实验研究。实证方法的结合（如行动研究和实地实验的结合）同样前景可期。重要的是，有必要跳出"仅仅描述或说明企业为实现可持续发展所做的努力"的框架，这可能是某些单纯行动研究的局限。

最后，我们认为有必要对本书中涉及的许多问题进行进一步的定性研究，尤其是在不同类型的商业模式和可持续性实践以及不同背景下（如工业、地理和文化）的各种可持续性实践之间的比较案例研究。此外，深入的访谈研究、观察性研究和其他方法可以揭示可持续发展活动中的微观过程，提供对尝试设计更具可持续性的商业模式（特别是在组织环境中实施）的重要见解。

在接下来的章节中我们试图为 RESTART 框架的七个组成部分制定具体的研究议程，我们邀请所有同事与我们一起在不同的背景下，出于不同目的，使用多种经验战略在实践中推动该进程。

15.3   RESTART 研究议程

如本书第二部分所述，我们认为 RESTART 框架的七个组成部分是朝着更可持续的商业模式同步发展的，这意味着它们是相互联系的。要在可持续实践中同时完成七个部分就需要更多的知识。

在重新设计方面，已有大量文献详细阐述了对商业模式创新的深入研究。例如，Foss 和 Saebi（2017）强调需要研究四个主要问题：①界定商业模式创新结构的维度；②确定商业模式创新的前因和结果；③研究偶然性和调节变量；④映射概念的边界条件（Zott 等，2011）。Boons 和 Lüdeke-Freund（2013）制定了可持续创新的研究议程，他们认为有必要对可持续系统创新及其与企业成功的关系进行更多探究，并研究可持续商业模式创新对可持续性相关成果的推动程度。

根据现有研究成果，我们认为未来的研究应着力探究有助于促进商业模式创新的可持续性改进的基础机制，也即作为新商业模式的核心要素，对于客户或其他利益相关者来说可持续性改进的特点是什么？此外，我们认为，商业实验企业进行的试点或 A/B 测试（Anderson，2011；Davenport，2009）可以作为潜在的实地实验基础，比较竞争对手商业模式在"再创新"阶段的可行性。实施新的商业模式是一项高风险的工作，在重新设计之前使用实验方法来测试和比较商业模式是有价值的。然而，从研究设计的角度来看（特别是从研究结果的可概括性的角度来看），一个关键的挑战是实验的设计方式与所涉及的案例企业之间不匹配。

这就给我们带来了与实验本身相关的研究机会，意味着研究企业的实验过程并在实践中寻找影响因素。Bocken 等（2017）在一家国际服装公司进行了可持续性实践如何推进循环生产的探究，其中的关键问题包括如何培养公司的实验文化以及如何识别和设计可以通过实验衡量的关键绩效指标。

一种有吸引力的提议是进行"元实验"研究，如研究两种不同商业模式的实验方法或两种关键绩效指标的不同用法，从而揭示在实践中进行此类实验的成功因素，对此类实验中障碍的定性和定量研究也可以提供有价值的见解。

对于框架中心的三个组成部分——服务逻辑、循环经济和联盟，还有很多需要进一步研究的地方，我们尤其强调需要进一步研究这三种现象如何能够成为更可持续的商业模式的驱动力或组成部分。

在服务逻辑方面，基于服务的商业模式的边界条件为可持续性提供了广泛的研究机会。基于访问或功能而非所有权的商业模式（Bocken 等，2014）被广泛认为是促进可持续消费的重要因素。一个有趣的问题是，即使出现了基于访问的商业模式，消费者愿意通过这种商业模式消费的产品与消费者仍然喜欢拥有的产品有什么区别？这些边界条件对于理解此类商业模式的范围和潜力非常重要。另外，前景广阔的主题是产品服务系统，尤其是向产品服务系统商业模式过渡时可以在主要价值主张的基础上添加新服务的潜力（Mont 和 Tukker，2006；Tukker 和 Tischner，2006）。这一问题对于此类商业模式的财务可行性以及企业长期维持模式的能力至关重要。

关于循环经济，需要大量的研究来了解循环商业模式如何替代常规的线性商业模式并取得成功。实际上我们已经开始了有关循环商业模式的研究项目，其中一个项目在本书关于 Orkla 和 BIR 的案例研究章节中有介绍。我们认为循环经济中的新分销渠道是一个具有研究价值的主题，收回旧产品、材料和组件的需求以及减少包装的解决方案对于使循环商业模式的基础架构发挥功能至关重要（Bocken 等，2016）。本方面研究的核心问题是，哪种类型的分销渠道对客户和用户更具吸引力，哪些是采用这种分销渠道的障碍。

与循环商业模式相关的第二个重要研究课题与支付模式相关。迄今为止，许多循环商业模式面临的挑战之一是产生足够的收入，正如一些基于租赁的服装商业模式（如 Filippa K.）所经历的。支付模式是商业模式的基础，需要适应客户、市场和竞争环境的特点。因此，研究不同循环商业模式下的各种支付模式可能会为试图在此类商业模式中挖掘盈利潜力的企业提供有价值的见解。

与循环商业模式相关的最后一个有前景的研究课题是研究不同类型的循环商业模式与所在行业之间的偶然性。例如，不同循环商业模式（如基于租赁的模式、基于翻新的模式、取决于行业的共享模式）的可行性是否存在系统性差异？对商业模式设计和行业特征间契合度的洞察是一个前景和挑战性并存的研究途径。

也有大量关于联盟的实证研究。如 Kiron 等（2015）所述，世界各地的 CEO 都表示促进可持续发展的协作对企业而言变得越发重要。但与此同时，很少有人认为他们为改善可持续性相关成果而进行的合作是成功的。正如 Selsky 和 Parker（2005）所指出的那样，出于社会目的（及环境目的）的跨部门合作越来越广泛，但是在伙伴关系设计和实施方面面临特殊的挑战。

此问题的一个有前景的研究方向是探究在"金字塔"底层进行跨部门合作商业模式时面临的挑战，我们已经在本书中讨论过这个话题。这样的协作过程涉及跨组织目标的协调、不同合作伙伴的资源和能力的利用以及在一个有需求的市场上为产品和服务建立分销渠道的尝试。然而在基础设施方面,人力资本和财务状况使该过程面临挑战,所有这些问题都需要进行实证研究,"金字塔"底层商业模式的知识鸿沟,以及能够影响该商业模式的协作鸿沟是相当大的。此外,上面列出的相关主题不仅与"金字塔"底部商业模式的具体情况相关,在联盟中,为实现可持续性而协调联盟伙伴的目标与跨组织边界利用资源都是实证研究的重要课题。

RESTART 框架的后两个部分"结果"和"三维"提供了有吸引力和影响力的研究方向。如 Eccles 等(2015)所证明的,与管理控制系统相关的组织和治理特征对于成功设计和实施可持续性工作非常重要。关于重要性评估和战略优先级的研究正在逐渐增多且前景广阔(Khan 等,2016)。在之前的工作中我们对挪威企业的这些特征进行了实证研究(Gulbrandsen 等,2015,2017),结果表明,到目前为止,对关键绩效指标和可持续性激励措施等的系统使用都是十分有限的。

关于"结果",今后的研究应继续进行关于重要性评估的探究。可以进一步探究利用重要性评估进行的利益相关者管理与关键绩效指标的开发和使用之间的关系。一个有潜力的方向是探究首席可持续发展官及类似的组织角色在此类活动中的作用(Strand,2013),这有助于理解成功的利益相关者管理下的组织微观过程。

关于"三维"也有下述潜在研究方向。从管理控制的角度来看,可以探究企业如何生成和使用有关可持续性绩效的及时信息。如何在数字化时代将实时信息用于决策将是一件有趣的事情。近年来,人们一直非常重视可持续性报告和会计信息,但用于数据管理和分析的新技术可能会创造新形式的实时信息系统,甚至可能在内部和外部取代传统的可持续性报告系统。

相关的主题是使用激励(财务或非财务)来刺激个人、单位和企业层面的可持续性绩效,这对于实地实验研究十分有效。例如,一项研究可以建立在一项干预措施的基础上，即对不同的激励方案进行测试并与缺乏激励的控制条件进行比较。这种实证研究可以提供有价值的见解，深入了解各种激励方案对可持续性绩效的具体和差异影响，有助于企业推动可持续性绩效。最后，比较案例研究和其他实证设计也可以为不同的组织设计提供有价值的见解以推动可持续性绩效，包括可持续性实践本身的组织方式以及如何将可持续性工作整合到组织的特定案例中。

15.4　机会的海洋

在前面的章节中我们概述了可持续商业模式创新的大量研究机会。尽管本概述只触及了研究可能性的表面，但至少指出了一组用实证方法探索 RESTART 框架的有效方法。

此概述的最后一点与快速变化的机会空间有关，这与数据量不断增加、基于深度学习的统计方法不断优化有关。许多人认为我们正在进入"归纳革命"，这意味着传统的假设发展和检验方法将被利用算法挖掘与分析大量数据以寻找模式、关系及有价值的见解的方法所取代（Sullivan 和 Zutavern，2017）。对于大多数研究者而言，很难想象未来的实证研究会是什么样、对研究者来说意味着什么以及什么构成了好的研究问题，然而，我们相信这些发展也将塑造企业持续能力研究的未来。

在数字化时代，试图对可持续的商业模式创新进行研究、教学和写作，就像绘制一幅快速而持续变化的风景图。因此，我们希望这种对未来研究方法的概述将具有相对较短的半衰期。我们希望本书对研究机会的描述能够激发有趣的研究项目和其他尚未构思的研究想法。

16
案例研究：RESTART 扫描

"也许公司的名字是阻碍你在其他行业发现商机的'红鲱鱼'？"在与 Scanship Holding ASA（以下简称 Scanship）执行团队的战略研讨会上，Lars Jacob 反问道。

2017 年举行的"重新思考 Scanship 的商业模式"研讨会结束后，Scanship 决定将其网站上的标题从"一套完整的废水处理系统"更改为"世界领先的清洁海洋解决方案"。这看起来似乎并非一个很大的进步，但是十多年来，Scanship 主要为游轮业提供废物管理和废水净化系统，其思考商机时也主要考虑这一领域，以这种方式更改其对自身运营领域的描述表明该公司已重新定义了要解决的问题。

此外，新标语表明 Scanship 过去和现在都处于一个可持续商业模式创新的过程中。该公司将其业务扩展到其他行业（如水产养殖），这一创新进程或许不会停止于清洁海洋的解决办法。事实上，Scanship 还在探索基于陆地的水净化和废物管理系统的解决方案。也许正在进行的创新进程将使该公司改用一个全新的名称——一个不会让消费者联想到船舶行业的名字。

2017 年下半年，Scanship 集团 CEO Henrik Badin 告诉我们，战略研讨会上的讨论从根本上改变了他们对公司名称及成立原因的看法。Badin 说："我们一直认为我们的工作很重要，但现在我们真的知道了为什么要每天早起赶着上班。"他补充了一个可能是因为心态转变而造成的巧合：

"随着我们在网站上展示了业务方式的改变，维珍航空与我们取得了联系，而当时我们已经与意大利造船商 Fincantieri 签订了为维珍航空的新造船厂配备 Scanship 清洁船舶系统的合同，因为邮轮业的新进入者希望做更多的工作来证实他们的可持续性实践。"

Branson 和 McAlpin 的愿景是颠覆邮轮业，维珍航空的座右铭"永续创新"中也包括大幅降低其对环境的影响。McAlpin 在 2017 年下半年接受行业杂志 *Cruise Business Review* 的采访时谈到了维珍航空与瑞典公司 Climeon 和挪威公司 Scanship 的新合作伙伴关系，这两家公司将帮助维珍航空实现其环境目标。McAlpin 指出，Climeon 和 Scanship 都提供使维珍航空的新型游轮更具可持续性的服务和技术。Climeon 开发了将船上大量浪费的热量转化为电能的技术。Scanship 的微波辅助热解（MAP）技术能够将废物转化为能源技术。McAlpin 在采访中特别强调了目前正在开发的技术，该技术利用微波将碳基废物转化为合成气、生物燃料、木炭和热能等能源。该技术产生大量的能量，减少船上的燃料消耗并通过生产木炭捕获碳，既可以作为一种有价值的土壤富集产品"terra preta"，也可以用于生产燃料电池用氢气。维珍航空将在其新船中集成 Climeon 和 Scanship 的技术以大幅减轻其船舶的阴影面。

我们将重温 Scanship 的新 MAP 技术并思考它可能在邮轮业以外的哪些行业中创造机会。我们于 2017 年初参与了 Scanship 的上述创新过程，公司执行团队邀请我们参加探索新商机、开发商业模式并进行实地实验的项目。接下来，我们将根据 RESTART 框架和可持续商业模式创新的过程模型概述该研究项目，从而基于本书的 RESTART 框架对正在进行的可持续商业模式创新进行研究。

16.1 "漂浮城市"的商机

您是否知道，一艘载有 5000 人的游轮与一个拥有 30000 人口的陆地城镇有着等量的生态足迹，通过将这些游轮产生的食物废物、垃圾和污水净化过程中的污泥转化为燃料，每艘游轮每年可以减少约 100 万美元的燃料成本。您是否知道，渔业废水可以经冲洗、干燥后作为有机肥料出售，而不是污染海洋。我们第一次见到 Henrik Badin 和 Scanship 董事长兼 CEO Narve Reiten 时才了解上述罕见知识。他们热情地向我们讲述了邮轮业和水产养殖业的阴影面以及 Scanship 如何将这些问题转化为商机。

Scanship 是通过将其技术应用于邮轮行业的各种废物管理系统来做到这一点的。最近，该公司已着手进入新的行业，正在研发的还有一项被称为 MAP 的突破性技术，维珍航空和许多其他邮轮公司正在热切期待这项技术。船舶和港口、岛屿、机场、海上平台等都将使用 MAP，这项技术使他们能够将食物、污水、纸张、纸板、塑料、木材、石油和混合物等含碳废物转化为可燃气体、生物油和富含磷的木炭，用于肥料和取暖。此外，MAP 技术将捕获活性炭中的碳，这意味着它将大大减少 Scanship 客户的碳生态足迹。

我们第一次见到 Badin 和 Reiten 时 MAP 技术仍在研发中，管理团队正在设计合作商业模式以在不同行业创造、交付和获取价值。应该注意到，Badin、Reiten 和公司都不是变革的新手。Scanship 于 2014 年在奥斯陆证券交易所上市。2017 年，其股价惊人地上涨 352%，与 2008 年底该公司破产时的情况形成鲜明对比。就在破产几天后，Badin 和其他几位高管买下了公司剩余的资产并设法扭亏为盈。如今，Scanship 提供了处理和净化废水、食品废物、固体废物和生物污泥的先进技术，其主要业务包括面向全球市场设计和生产废物管理和废水净化系统。目前，这些技术的核心市场是游轮行业，Scanship 向造船厂提供系统以用于新船舶，向现有船东提供系统以进行船队升级。

世界上大约有 400 艘游轮，Scanship 是高效废水净化（AWP）行业的领导者。2014 年至 2020 年期间，每两艘新游轮中就有一艘配有 AWP：在这 7 年期间，AWP 将在全球 75 艘新船中的 42 艘上安装。Scanship 是大多数大型邮轮的供应商，其商业模式所依赖的商机是现代邮轮产生的大量需要妥善处理的干湿废物。Scanship 的技术将这些废物处理成可回收物、清洁的烟气和处理过的废水。该公司的总部设在挪威的莱萨克，在挪威的 Tønsberg、Davie、Florida 和波兰的 Gdynia 均设有办事处。

Reiten 和他的合伙人 Bård Ingerø 在 2017 年购买了公司约 1/3 的股票，Reiten 很快成为董事会主席。第一次见面时，Badin 已经读过我们的 *RESTART* 一书。他说，Scanship 已经在"重启"业务，公司正在寻找重新定义公司的方法并通过探索不同类型的环境问题来解决问题。不过他补充说这并不是 Scanship 的第一个大变化。公司成立以来管理者们已经多次重新设计了其商业模式。Badin 解释说，从商业模式的角度来看他们面临的最大挑战或许是说服邮轮业相信其技术的价值。为了打开这扇门，公司需要在如何为其（潜在）客户创造和交付价值方面做出一些改变。

16.2 清洁海洋解决方案

Badin 后来告诉我们："您必须记住，大约 10 年前我们重新启动这家公司时，很少有人谈论循环经济、全球变暖和海洋中的塑料问题。"然而，如今情况已经发生了巨大变化，客户、监管机构和邮轮行业都开始意识到邮轮行业的生态足迹可以而且必须减少。早先的趋势是遵守国际海事组织 Marpol 和船舶营运所在港口国的法规（即使在许多情况下这些法规被认为是最小限度的，公司成立的头几年直到 2008 年破产），这项技术都因为比法规要求的更先进而更难销售。

近年来，人们对企业责任的重视、媒体的关注和公众意识的推动使不同船东开始在环保举措上展开竞争，这推动了对船舶环境技术的需求。如今，Scanship 为世界上大约 400 艘游轮中的 1/3 提供服务，新的合同也源源不断。Badin 和 Reiten 说："我们现在面临的挑战是增加行业的吸引力，开发 MAP 这样的技术，为客户做得更好。"与此同时，该公司正试图设计商业模式以便进入其他市场，Scanship 目前的目标是水产养殖。

Scanship 面临的一个重要障碍是监管，因此公司依赖于立法者的影响。一般来说，除阿拉斯加海岸等保护区受到环境法规的保护以外，在领海（离岸 12 海里以内）倾倒废水和食物垃圾仍是合法的，然而在法规促进全面采用绿色解决方案之前还有很长的路要走。邮轮行业变革的驱动力之一是来自其他利益相关者（尤其是当地社区、媒体和非政府组织）的日益增加的压力。例如，地球之友在 2012 年发表的一份报告揭示了大型游轮在一周航程中产生的废物量（《地球之友 2012》）：80 万升人类污水；1500 万公升中水（水槽、浴缸、淋浴、洗衣房和厨房）；95000 升含油污水；44000 升污泥；超过 400 升危险废物。

请记住，这还不包括每艘船产生的固体废物（包括游轮上 5000 人每天约 25000 顿饭的剩饭）。多余的食物通常会与塑料和其他形式的垃圾一起被磨碎并作为淤浆排入海洋。以这种方式排放的食物垃圾会降低氧气含量并在海水中产生酸和导致营养失衡。

地球之友还定期发布游轮可持续性报告卡。报告卡中对 17 个主要邮轮公司及其在污水处理、空气污染控制、水处理和其他标准方面的举措进行排名。2016 年的报告中，迪士尼游轮公司以 A–位居榜首，而 Cunard、美国 Holland、挪威和公主游轮公司则以 C 排名第二。目前尚不清楚这些评级能够在多大程度上转化为利益相关者行为——客户选择是否购买游轮、投资者选择是否投资公司、监管机构评估监管需求等。然而，对邮轮业的负面关注的明显增加使游轮企业很可能采取行动以改善形象。

16.3　驶向未知水域

然而，邮轮业的规模不足以让 Scanship 这样的技术提供商实现可持续增长。因此，为了实现可持续增长，Scanship 目前已进入水产养殖业和陆上应用领域。北欧鲑鱼和其他海产品的密集生产增加了水净化和树脂处理的需求，与该行业相关的基本商机是以一种能最大限度减少水消耗和负面环境影响的方式处理鱼缸中的废水，这一过程产生的污泥同样需要妥善处理以实现更可持续的鱼类养殖。Scanship 在挑战中找到了机会，现在已经与该行业的不同合作伙伴结成生产有机肥料的联盟，水产养殖公司 Skretting、废物管理公司 IVAR 和有机废物处理公司 HØST 都是该项目的联盟伙伴。Scanship 公司的技术可用于干燥水产养殖污泥，从而使水产养殖部门及其联盟合作伙伴的废物实现商业化。

Scanship 的系统也可以用于陆上作业，为此，该公司为废物处理和水净化提供了多种工业应用。这些技术还可用于市政当局和其他政府实体，如用于废水处理厂和废物处理设施中。北欧地区的许多城市都安装了 Scanship 废水技术以去除营养物和有机物。此外，它还在牙买加金斯敦的诺曼曼利机场和蒙特哥湾的桑格斯特机场交付了两个更大的废物管理系统，这些废物管理系统包括用来处理来自飞机和航站楼的所有废物的垃圾回收设备和废物焚化炉。

16.4　重启 Scanship：实际挑战和研究机会

前面概述的许多例子说明了 Scanship 试图开发新的商业模式以补充其在邮轮行业的主要商业模式，同时"调整"现有的商业模式以使其更好地发挥作用。正如在介绍 RESTART 框架后所总结的，在实践中 RESTART 也许应该以相反的方向（如 TRATSER）来构造。在许多方面，人们可能会认为 Scanship 已经经历了这样一个过程。Scanship 试图使邮轮公司认真考虑三维问题——考虑到自身生态足迹并意识到可以减少生态足迹以实现财务目标。公司的价值主张基于对目标服务行业的重要性关注的全面理解，包括食物浪费、能源使用、游轮上其他形式的污染以及鱼类养殖中的污泥等。通过这种方式可以确定这些企业的管理者的目标。Scanship 的核心价值产品基于循环经济，因为它们建立在对各种形式的废物进行循环利用的基础上，并试图采用服务逻辑将其技术转化为方便客户的"一揽子"服务。尤其是在水产养殖方面，公司结成联盟以通过自己不可能做到的方式实现价值。最后，根据这些特点和企业对新的市场机会的识别，该公司旨在对这些市场机会进行系统的商业实验。这就是 Scanship 第一次联系我们的部分原因，该公司希望我们参与这些实验的设计，从而实现公司商业模式的重新设计并在新市场开发新的商业模式。

这段旅程还远未完成，尽管 Scanship 在将公司及其客户推向更绿色方向这一方面上取得了很多成就，但公司仍在水域中艰难地航行。它面临的挑战之一是在新市场的试验性商业模式中实现盈利，特别是因为采用此类解决方案的"燃烧平台"在诸如水产养殖业中并不像在游轮业中那么清晰。此外，在实施法规（这是 Scanship 提供的技术被采用的驱动力）方面，监管机构的相对惯性也对公司在这些市场的增长构成了挑战。

通过与企业管理者的合作，我们目前正在计划进行实证研究，为解决 Scanship 和类似企业面临的一些挑战提供基于知识的投入要素。撰写本书时这项工作正在进行中，我们仍然要决定哪些是需要实证研究的最重要的问题，无论是对于公司商业模式的成功至关重要，还是为学术领域提供有价值的见解。因此，我们以概述两个具体研究思路（这说明了我们是如何根据经验来处理这些问题的）来结束本章。

一项潜在的研究项目与邮轮行业的终端消费者有关，后者在间接意义上可以对 Scanship 技术的竞争力产生重要影响。一个重要问题是从消费者的角度来看废物管理和污染问题是否具有重要意义。也就是说，这些问题是否会影响消费者对邮轮的选择？部分问题在于，除了船上烟囱的明显排放物外，消费者对游轮的环境影响知之甚少且无法预见。受最近使用虚拟现实（VR）技术对产品或服务的各个方面进行可视化和突出显示的"人工"实地实验（Harrison 和 List，2004）的启发，我们正在探索对游轮旅行者进行此类 VR 实验的可能性。在航行之前或航行期间，消费者可能会接触到船上的绿色技术以及它们如何避免水域的浪费和污染。通过将接受这种干预的消费者与处于控制状态的消费者（这些消费者在观看巡航的 VR 视频时没有强调环境维度）进行比较，我们可以反过来研究对重要结果的潜在影响，如态度、购买意愿、支付意愿等。补充说明一点：类似的设计也可以用于鱼类养殖，甚至有可能在两个部门间进行比较分析。这些研究设计将探究消费者不一定能够观察到的价值交付的可持续性改进如何影响消费者体验，从而影响产品的相对吸引力。

潜在的研究机会涉及 Scanship 与 Skretting、IVAR 和 HØST 等企业建立的水产养殖项目战略联盟。正如在关于未来研究途径的一章中所讨论的，有必要进一步研究这种跨部门合作，包括所有联盟伙伴的可持续性目标和财务目标。这样的联盟中有许多进行实证研究的可能性，但是我们对如何设计一个价值获取模型的问题特别感兴趣，该模型可以实现所有业务合作伙伴商业模式的成功建设，这是战略合作中的主要挑战，即如何设计一个适合所有合作伙伴的联盟并尽可能使他们的目标和优先事项保持一致。结合定性和定量数据的案例研究以及在不同版本的价值获取模型下比较各种收益结构的简单实验等研究设计可能适用于此项目。

17
案例分析：Orkla 和 BIR 的循环商业模式

依赖于塑料包装的我们在塑料问题中也可以发挥作用：我们是否可以通过让客户重复使用容器而不是一次性使用后扔进垃圾箱来减少塑料生态足迹？或许让客户退还容器以便我们重复使用是更好的选择？我们可以与谁合作以获取废弃容器？使用更多的再生塑料是否有助于减少鲸鱼因塑料窒息而在岸边搁浅的概率？

Orkla 家庭与个人护理部门可持续发展创新经理 Bård Bringsrud Svensen 向我们提出了许多问题，我们漫步在卑尔根的大街上激烈地讨论这些问题。例如，如果客户在下次购买时享有折扣，他们是否愿意自备塑料容器？实践中需要哪些技术以实现这一点？在 Svensen 飞往奥斯陆之前，我们甚至讨论了利用无人机提供清洁产品补充装以及许多其他未来派分解决方案以解决 Orkla 的问题：如何为一个行业巨头设计一个独特的商业模式。

碰巧的是，与 Svensen 同行时我们接到了 BIR（一家废物管理公司）CEO Steinar Nævdal 的电话。BIR 由挪威卑尔根地区政府所有，其已将自己定位为废物管理行业创新和数字化的参与者，较早地在卑尔根的城市街道下采用地下废物系统以及高科技废物扫描系统。Nævdal 很早就注意到循环商业思维的出现并认为他的公司在废物管理和数字系统方面具有双重能力，应该在促进循环过渡方面处于领先地位。

与 Svensen 和 Nævdal 的对话使我们意识到，消费品巨头 Orkla、废物管理公司 BIR 和我们这两位来自学术界的可持续商业模式创新研究者之间存在建立联盟的可能性。这引发了一个合作研究项目，我们在 RESTART 框架和 RESTARTer 过程模型的基础上与两家公司一起设计假设和实验。在本案例中我们阐明了这一协作性研究，并强调了如何在实践中以一种既能带来商业结果又能带来学术结果的方式扩展和应用本书框架。

17.1　Orkla 及其生态系统

Orkla 的可持续发展创新经理 Svensen 是一位工程师，他在整个职业生涯中都致力于创新和产品设计。他与我们联系时刚刚被指派在 Orkla 最大的部门之一——Orkla 家庭与个人护理部门负责可持续能力创新。Orkla 在自家网站上这样自我描述：Orkla 是集杂货店、户外、专业零售、药房和面包房于一身的领先品牌消费品供应商。北欧、波罗的海地区以及部分中欧国家是 Orkla 的主要市场，Orkla 集团的某些产品在印度也占有强势地位。Orkla 的品牌消费品业务包括食品、糖果和零食、护理和食品配料等，Orkla 同时拥有投资业务，包括对 Hydro 和 Jotun 的投资（占 42.5% 的权益）以及水电和金融资产。Orkla ASA 在奥斯陆证券交易所上市，其总部位于挪威奥斯陆。截至 2016 年 12 月 31 日，Orkla 拥有 18154 名员工，集团 2016 年的营业额总计 378 亿挪威克朗。

Orkla 家庭与个人护理是 Orkla 护理的一部分，是 Orkla 的最大业务部门之一。Orkla 家庭与个人护理在家用洗涤剂和个人护理产品领域处于领先地位，并与联合利华、宝洁和高露洁棕榄等国际企业竞争。联合利华也许是该行业中将自身打造成可持续发展品牌最成功的公司，然而在 2018 年 1 月，Orkla 为实现更可持续发展所做的努力也受到了关注。在世界经济论坛年度活动上，Orkla 被列为全球 100 家最具可持续发展能力的企业之一。然而，联合利华和 Orkla 都没有解决其所有的阴影面问题。在这些行业中，最重要的负外部性之一是在产品设计和包装中使用塑料，这正成为企业和消费者都非常头疼的问题。

在挪威，一个特别事件引发了公众对使用塑料的环境后果的讨论。这件事发生在 2017 年初，一头肚子中装满了 30 种不同类型塑料袋的鲸鱼在挪威海岸搁浅。根据世界经济论坛的最新报告，每年至少有 800 万吨塑料（相当于每分钟都有一卡车的塑料垃圾）流入海洋。海洋中的许多塑料垃圾都带有著名商标，据检查搁浅鲸鱼的动物学家 Terje Lislevand 说，许多商标都是丹麦和英国印刷的。他补充说鲸鱼的肠子可能被塑料堵塞，这会引起严重的疼痛。这一事件及媒体的关注给所有存在塑料问题的企业带来了压力。此外，从消费者的角度来看，这一事件似乎也让每个人更加意识到消费能够转化为我们需要共同解决的具体环境问题。

当我们见到 Svensen 时，他说 Orkla 很早就意识到使用塑料的负面影响，并且他们一直在寻找解决方案以减少这些影响以及 Orkla 商业模式中的相关外部性。Svensen 对 Orkla 家庭与个人护理商业模式的前进方向仍有很多疑问。可持续性是问题的很大一部分，但与此同时 Svensen 解释说，来自国际品牌的竞争加剧以及第四次工业革命引起的零售业的持续和预期变化等因素也是他们关注的重点。更糟糕的是，年青一代消费者对品牌的忠诚度较低，这意味着 Orkla 需要不断重新定位以保持竞争力。Svensen 说："这不仅是变得更加循环且可持续，也是为了维持我们现在和将来的盈利能力。"

17.2 BIR：从废物管理者到循环商业伙伴

BIR 集团 CEO Nævdal 及其管理团队和董事会决定让 BIR 在从线性经济向循环经济转变的过程中发挥主导作用。BIR 负责收集、运输和处理生活垃圾以及工业和危险废物，也为企业提供了废物解决方案。BIR 集团是挪威该行业中的第二大企业，拥有 417 名员工，2016 年的营业额为 7.367 亿挪威克朗。

BIR 的第一个著名的创新项目是其位于卑尔根的用于废物收集的地下真空系统，该系统后来被世界各地的废物管理公司所模仿。这是一个封闭的、基于管道的废物收集系统，像一个巨大的真空吸尘器一样将垃圾从垃圾收集点吸进中央容器。此外，BIR 在一个名为 BOSS ID（英文称为 waste ID）的数字垃圾识别系统中投入了大量资金，该系统中用户对废物处理系统的访问由射频识别钥匙控制。这样，BIR 可以访问有关客户的数据，客户直接为使用付费，而 BIR 可以收集和管理有关其价值链中废物流的宝贵信息。因此，从长期来看，基于这些数据构建进一步服务拥有巨大潜力；而从短期来看，这也可以优化 BIR 的运营。

我们将 ORKLA 和 BIR 整合在一起以便他们共同重新思考运营方式并审视他们的商业模式是否能带来好处，毕竟每年都有大量的 Orkla 塑料被扔进 BIR 容器中。Svensen 告诉我们，Orkla 在重新考虑其运营方面已经走了很长一段路，其管理者正在寻找可以提供企业无法独自提供的解决方案的合作伙伴。考虑到 BIR 对循环思维的创新方法，我们认为两家公司可以共同创新。因此，在 2017 年秋季的挪威废物管理会议上，我们共同启动了一项关于循环商业模式的研究项目，其重点便是塑料包装。

17.3 识别—重新思考—重塑—重组

我们以 Orkla 为主要案例共同开始了关于循环商业模式未来的问题制定过程。碰巧的是，Orkla 最近推出了一个新的品牌和产品组合系列，这将部分挤兑其著名的肥皂和洗涤剂产品的市场空间。该系列称为 KLAR——挪威语中该词表示"清晰""透明"以及"准备就绪"。该产品系列配方可持续，不含微塑料并采用 100% 再生塑料包装。KLAR 被选为我们研究项目的初始案例，这意味着负责品牌和产品组合开发的管理者 Anne Marheim Støren 成为我们研究项目的重要合作者。

出于多种原因，可持续清洁产品的案例尤为有趣。这是大多数家庭所依赖的产品类型，但这一类别中几乎没有任何可持续性产品。而且在某种程度上，客户通常似乎并不信任现有产品的质量。这些产品属于低参与度和基于习惯的产品类型，因此，与诸如 Orkla 这样的公司合作，研究如何改变消费者的行为和习惯以采用更可持续的解决方案使我们非常感兴趣。进而我们必须了解与此类产品相关的消费者行为的多个方面：采用的障碍和驱动因素、对于有效性的信念、对此类产品的偏爱与厌恶，以及能够推动消费者从不太可持续的产品转向更可持续的产品的决定性特征和信息。

我们的工作流程基于 RESTARTer 的三个阶段，撰写本书时我们仍处于重新思考和重塑之间的某个阶段。在此过程的早期阶段，我们与两家公司合作举办了研讨会，并在 2017 年挪威 Åndalsnes 创新节上收集了一些创新者的观点和想法。在那里我们主办了一个互动研讨会，与会者在会上提出并讨论了未来家庭护理产品分销的想法。2017 年底，在与 BIR 和 Orkla 的一次共同研讨会上，我们制定了进一步研究的子项目清单。我们与业务开发人员 Tore Totland 和 Anders Waage Nilsen 密切合作以促进这项工作，BIR 也得到了这两位自由思考的独立人士的帮助。我们共同设计了四个子项目并开始更具体地思考如何对每个项目进行实证研究。

来自 BIR、Orkla 和学术机构的各项目成员小组提出了要沿着循环链解决的四个问题。为了解决实际中的塑料循环性问题，至少必须克服四个挑战：第一，为了使塑料产品具有可循环性，必须对产品进行设计和制造以使其可回收利用（Bocken 等，2014）。我们成立了一个项目小组来应对这一挑战，本质上这是一个技术和实践过程而非研究项目，尽管在后期可能有进行科学研究的机会。第二，将产品分销到商店就必须了解商店和家庭中消费者的行为。我们成立了一个项目小组来设计和选择与绿色产品系列（如 KLAR）有关的消费者行为的实验室和现场实验。此外，在消费者将产品带回家之后，要更深入地研究产品的寿命。第三，为了将 Orkla 和 BIR 的商业模式联系起来，第三个子项目涉及系统、解决方案和激励措施，以促使消费者在产品被拆开后返回包装。一个由从业者和学者组成的项目小组为这些系统开发想法并测试解决方案。第四，我们成立了一个小组来研究如何将收集的塑料"带回"Orkla，以便昨天的 KLAR 容器可以成为明天的 Orkla 包装。

通过组建这四个小组并开展每组的工作，创新过程开始从重新思考阶段转向重塑阶段，也即真正改变企业商业模式的机会会随着创意的产生和适时的科学测试（或各种形式的 A/B 测试及试点测试）而出现。到目前为止，我们对 Orkla 的业务模式变化走向基本上已经明确。但是 BIR 呢？在该过程中 BIR 成功取得成果的特征是什么？BIR 是否需要改变其商业模式，让那些愿意购买普通再生材料的公司与那些实际上是基于其先前产品的回收和再利用的再生材料进行差异化支付？或许 BIR 需要为避免废物而非为废物管理付费，正如 Gjenning 公司在本书第二部分中详细说明的那样。

现在说与 Orkla 和 BIR 的项目将在何处结束以及对合作伙伴会产生什么结果还为时过早。但是，前面的描述试图解释一个混乱的创新过程，在这个过程中，所有合作伙伴都明确希望进行科学研究（尤其是实验）以揭示一些可以帮助企业实现更循环的商业模式的因素。

17.4　共同重启：共享更大的蛋糕

我们认为上述联盟可以增加为所有参与者，其共同创造的价值将对社会和环境产生有益的结果，然而我们绝不认为成功建立这种联盟是一件容易的事。有人说财富青睐大胆的人，至少到目前为止我们的印象是，通过与来自不同行业的参与者以及有其他目标、时间范围和思维方式的学者展开合作，BIR 和 Orkla 为思考如何利用新方法创造、交付和获取价值打开了大门。

参考文献

[1] Adner R. Match your innovation strategy to your innovation ecosystem [J]. Harvard Business Review, 2006, 84 (4): 98.

[2] Aldrich H., Herker D. Boundary spanning roles and organization structure [J]. Academy of Management Review, 1977, 2 (2): 217-230.

[3] Anderson C. Free: The future of a radical price [M]. New York, NY: Random House, 2009.

[4] Anderson E. T. A step-by-step guide to smart business experiments [J]. Development and Learning in Organizations: An International Journal, 2011, 25 (6).

[5] Anderson R. Mid-course correction: Toward a sustainable enterprise [J]. Journal of Business Administration and Policy Analysis, 2002 (30): 415.

[6] Andries P., Debackere K., Looy B. Simultaneous experimentation as a learning strategy: Business model development under uncertainty [J]. Strategic Entrepreneurship Journal, 2013, 7 (4): 288-310.

[7] Atkinson A. B. Inequality [M]. Cambridge, MA: Harvard University Press, 2015.

[8] Baines T. S., Lightfoot H. W., Benedettini O., Kay J. M. The servitization of manufacturing: A review of literature and reflection on future challenges [J]. Journal of Manufacturing Technology Management, 2009, 20 (5): 547-567.

[9] Bales K. Blood and earth: Modern slavery, ecocide, and the secret to saving the world [M]. Spiegel & Grau, 2016.

[10] Banerjee A. V., Duflo. Poor economics: A radical rethinking of the way to fight global poverty [M]. New York, NY: Public Affairs, 2011.

[11] Barney J. B. Resource-based theories of competitive advantage: A tenyear retrospective on the resource-based view [J]. Journal of Management, 2001, 27 (6): 643-650.

[12] Bartling B., Fehr E., Huffman D. Institutions and trust: Does trust generate lasting improvements in economic outcomes? [R]. Working Paper, the University of Zürich, 2013.

[13] Bass A. E., Milosevic I. The ethnographic method in CSR research: The role and importance of methodological [EB/J]. Business & Society, https://doi.org/10.1177/0007650316648666, 2016.

[14] Belk R. You are what you can access: Sharing and collaborative consumption online [J]. Journal of Business Research, 2014, 67 (8): 1595-1600.

[15] Berman S. L., Wicks A. C., Kotha S., Jones T. M. Does stakeholder orientation matter? The relationship between stakeholder management models and firm financial performance [J]. Academy of Management Journal, 1999, 42 (5): 488-506.

[16] Bocken N., Miller K., Weissbrod I., Holgado M., Evans S. Business Model Experimentation for Circularity: Driving sustainability in a large international clothing retailer [C]. Economics and Policy of Energy and the Environment (EPEE), 2017.

[17] Bocken N. M., de Pauw I., Bakker C., van der Grinten B. Product design and business model strategies for a circular economy [J]. Journal of Industrial and Production Engineering, 2016, 33 (5): 308-320.

［18］Bocken N. M. P., Short S. W., Rana P., Evans S. A literature and practice review to develop sustainable business model archetypes［J］. Journal of Cleaner Production, 2014（65）: 42-56.

［19］Bollen N. P. Mutual fund attributes and investor behavior［J］. Journal of Financial and Quantitative Analysis, 2007, 42（3）: 683-708.

［20］Boons F., Lüdeke-Freund F. Business models for sustainable innovation: State-of-the-art and steps towards a research agenda［J］. Journal of Cleaner Production, 2013（45）: 9-19.

［21］Botsman R., Rogers R. What's mine is yours. The rise of collaborative consumption［M］. New York, NY: Harper Collins, 2010.

［22］Bowen H. R. Social responsibilities of the businessman［M］. New York, NY: Harper & Row, 1953.

［23］Brandenburger A. M., Nalebu B. J. Co-opetition［M］. New York, NY: Crown Business, 2011.

［24］Brandt R. L. One click: Je Bezos and the rise of Amazon.com ［M］. London: Penguin, 2011.

［25］Brown T. J., Dacin P. A. The company and the product: Corporate associations and consumer product responses［J］. Journal of Marketing, 1997, 61（1）: 68-84.

［26］Brundtland G. H. Report of the World Commission on environment and development: Our common future［M］. New York, NY: United Nations, 1987.

［27］Brynjolfsson E., McAfee A. The second machine age: Work, progress, and prosperity in a time of brilliant technologies［M］. New York, NY: WW Norton & Company, 2014.

［28］Carroll A. B. Corporate social responsibility: Evolution of a definitional construct［J］. Business & Society, 1999, 38（3）: 268-295.

[29] Carroll A. B. A history of corporate social responsibility: Concepts and practices [A]// A. Crane, et al. The Oxford handbook of corporate social responsibility [M]. Oxford: Oxford University Press, 2008.

[30] Carroll A. B., Shabana K. M. The business case for corporate social responsibility: A review of concepts, research and practice [J]. International Journal of Management Reviews, 2010, 12 (1): 85–105.

[31] Chatterji A. K., Findley M., Jensen N. M., Meier S., Nielson D. Field experiments in strategy research [J]. Strategic Management Journal, 2016, 37 (1): 116–132.

[32] Chatterji A. K., Toffel M. W. How firms respond to being rated [J]. Strategic Management Journal, 2010, 31 (9): 917–945.

[33] Cheng B., Ioannou I., Serafeim G. Corporate social responsibility and access to finance [J]. Strategic Management Journal, 2014, 35 (1): 1–23.

[34] Chesbrough H. W. Open innovation: The new imperative for creating and profiting from technology [M]. Cambridge, MA: Harvard Business Press, 2006.

[35] Chesbrough H. Business model innovation: It's not just about technology anymore [J]. Strategy & Leadership, 2007, 35 (6): 12–17.

[36] Chesbrough H. Business model innovation: Opportunities and barriers [J]. Long Range Planning, 2010, 43 (2): 354–363.

[37] Chesbrough H., Rosenbloom R. S. The role of the business model in capturing value from innovation: Evidence from Xerox Corporation's technology spino companies [J]. Industrial and Corporate Change, 2002, 11(3): 529–555.

[38] Choudary S. P., Van Alstyne M. W., Parker G. G. Platform revolution: How networked markets are transforming the economy—And how to make them work for you [M]. New York, NY: WW Norton & Company,

2016.

[39] Christensen C. M., Anthony S. D., Berstell G., Nitterhouse D. Finding the right job for your product [J]. MIT Sloan Management Review, 2007, 48 (3): 38.

[40] Christensen C. The innovator's dilemma: When new technologies cause great rms to fail [M]. Cambridge, MA: Harvard Business Review Press, 2012.

[41] Collins A., Fairchild R. Sustainable food consumption at a subnational level: An ecological footprint, nutritional and economic analysis [J]. Journal of Environmental Policy & Planning, 2007, 9 (1): 5-30.

[42] Cornes R., Sandler T. The theory of externalities, public goods, and club goods [M]. Cambridge: Cambridge University Press, 1996.

[43] Crane A., Henriques I., Husted B. W. Quants and poets: Advancing methods and methodologies in business and society research [J]. Business & Society, 2018, 57 (1): 3-25.

[44] Crespo A. H., del Bosque I. R. Influence of corporate social responsibility on loyalty and valuation of services [J]. Journal of Business Ethics, 2005, 61 (4): 369-385.

[45] Das T. K., Teng B. S. Trust, control, and risk in strategic alliances: An integrated framework [J]. Organization Studies, 2001, 22 (2): 251-283.

[46] Davenport T. H. How to design smart business experiments [J]. Harvard Business Review, 2009, 87 (2): 68-76.

[47] Davis K. Can business afford to ignore social responsibilities? [J]. California Management Review, 1960, 2 (3): 70-76.

[48] Deci E. L., Ryan R. M. The "what" and "why" of goal pursuits: Human needs and the self-determination of behavior [J]. Psychological In-

quiry, 2000, 11（4）: 227-268.

[49] Delmas M. A., Aragon-Correa J. A. Field experiments in corporate sustainability research: Testing strategies for behavior change in markets and organizations [J]. Organization & Environment, 2016, 29（4）: 391-400.

[50] Dentchev N., Baumgartner R., Dieleman H., Jóhannsdóttir L., Jonker J., Nyberg T., van Hoof B. Embracing the variety of sustainable business models: Social entrepreneurship, corporate intrapreneurship, creativity, innovation, and other approaches to sustainability challenges [J]. Journal of Cleaner Production, 2016, 113（1）: 1-4.

[51] Dewar R. D., Dutton J. E. The adoption of radical and incremental innovations: An empirical analysis [J]. Management Science, 1986, 32（11）: 1422-1433.

[52] Dhebar A. Razor-and-Blades pricing revisited [J]. Business Horizons, 2016, 59（3）: 303-310.

[53] Dierickx I., Cool K. Asset stock accumulation and sustainability of competitive advantage [J]. Management Science, 1989, 35（12）: 1504-1511.

[54] Dixon J. A., Fallon L. A. The concept of sustainability: Origins, extensions, and usefulness for policy [J]. Society & Natural Resources, 1989, 2(1): 73-84.

[55] Døskeland T., Pedersen L. J. T. Investing with brain or heart? A field experiment on responsible investment [J]. Management Science, 2015, 62（6）: 1632-1644.

[56] Døskeland T., Pedersen L. J. T. Does the wealth of investors matter? Evidence from a eld experiment on responsible investment [R]. Working paper, NHH Norwegian School of Economics, 2017.

[57] Drechsler W., Natter M. Understanding arm's openness decisions

in innovation [J]. Journal of Business Research, 2012, 65 (3): 438–445.

[58] Duraiappah A. K. Poverty and environmental degradation: A review and analysis of the nexus [J]. World Development, 1998, 26 (12): 2169–2179.

[59] Du S., Bhattacharya C. B., Sen S. Maximizing business returns to corporate social responsibility (CSR): The role of CSR communication [J]. International Journal of Management Reviews, 2010, 12 (1): 8–19.

[60] Dyer J. H., Singh H. The relational view: Cooperative strategy and sources of interorganizational competitive advantage [J]. Academy of Management Review, 1998, 23 (4): 660–679.

[61] Dyllick T., Hockerts K. Beyond the business case for corporate sustainability [J]. Business Strategy and the Environment, 2002, 11 (2): 130–141.

[62] Eccles R. G., Feiner A., Verheyden T. Sustainability and nancial performance of Scandinavian companies [R]. Unpublished Manuscript, Harvard Business School, 2016.

[63] Eccles R. G., Ioannou I., Serafeim G. The impact of corporate sustainability on organizational processes and performance [J]. Management Science, 2015, 60 (11): 2835–2857.

[64] Eccles R. G., Krzus M. P. One report: Integrated reporting for a sustainable strategy [M]. Hoboken, NJ: John Wiley & Sons, 2010.

[65] Eccles R. G., Krzus M. P., Rogers J., Serafeim G. The need for sector-specific materiality and sustainability reporting standards [J]. Journal of Applied Corporate Finance, 2012, 24 (2): 65–71.

[66] Eccles R. G., Serafeim G. The performance frontier [J]. Harvard Business Review, 2013, 91 (5): 50–60.

[67] Eccles R. G., Serafeim G., Krzus M. P. Market interest in non fi-

nancial information [J]. Journal of Applied Corporate Finance, 2011, 23 (4): 113-127.

[68] Edmans A. The link between job satisfaction and firm value, with implications for corporate social responsibility [J]. The Academy of Management Perspectives, 2012, 26 (4): 1-19.

[69] Eells R. S. F., Walton C. C. Conceptual foundations of business [M]. Homewood, IL: R.D. Irwin, 1969.

[70] Ehrenfeld J., Gertler N. Industrial ecology in practice: the evolution of interdependence at Kalundborg [J]. Journal of Industrial Ecology, 1997, 1(1): 67-79.

[71] Eisenhardt K. M., Graebner M. E., Sonenshein S. Grand challenges and inductive methods: Rigor without rigor mortis [J]. Academy of Management Journal, 2016, 59 (4): 1113-1123.

[72] Ekins P. Economic growth and environmental sustainability: The prospects for green growth [M]. London: Routledge, 2002.

[73] Elkington J. Cannibals with forks: The triple bottom line of 21st century [M]. Oxford: Capstone, 1997.

[74] Elkington J., Zeitz J. The breakthrough challenge: 10 ways to connect today's profits with tomorrow's bottom line [M]. London: John Wiley & Sons, 2014.

[75] Ellen MacArthur Foundation. Growth within: A circular economy vision for a competitive Europe [M]. Cowes, UK: Ellen MacArthur Foundation, 2015.

[76] Ellen MacArthur Foundation. Beyond plastic waste [M]. Cowes, UK: Ellen MacArthur Foundation, 2017.

[77] Epstein M. J., Buhovac A. R. Making sustainability work: Best practices in managing and measuring corporate social, environmental, and

economic impacts [M]. San Francisco, CA: Berrett-Koehler Publishers, 2014.

[78] Epstein M. J., Roy M. J. Sustainability in action: Identifying and measuring the key performance drivers [J]. Long Range Planning, 2001, 34 (5): 585-604.

[79] Esty D., Winston A. Green to gold: How smart companies use environmental strategy to innovate, create value, and build competitive advantage [M]. London: John Wiley & Sons, 2009.

[80] Ettlie J. E., Bridges W. P., O'Keefe R. D. Organization strategy and structural differences for radical versus incremental innovation [J]. Management Science, 1984, 30 (6): 682-695.

[81] Etzion D., Ferraro F. The role of analogy in the institutionalization of sustainability reporting [J]. Organization Science, 2010, 21 (5): 1092-1107.

[82] Eurosif. European SRI study 2014 [M]. Paris: Eurosif, 2014.

[83] Evans A. Resource scarcity, climate change and the risk of violent conflict [M]. Washington, D. C.: The World Bank, 2011.

[84] Fernandez-Feijoo B., Romero S., Ruiz S. Effect of stakeholders' pressure on transparency of sustainability reports within the GRI framework [J]. Journal of Business Ethics, 2014, 122 (1): 53-63.

[85] Figge F., Hahn T., Schaltegger S., Wagner M. The sustainability balanced scorecard linking sustainability management to business strategy [J]. Business Strategy and the Environment, 2002, 11 (5): 269-284.

[86] Flammer C. Does corporate social responsibility lead to superior financial performance? A regression discontinuity approach [J]. Management Science, 2015, 61 (11): 2549-2568.

[87] Flammer C., Kacperczyk A. The impact of stakeholder orientation

on innovation: Evidence from a natural experiment [J]. Management Science, 2015, 62 (7): 1982-2001.

[88] Foss N. J., Pedersen T., Pyndt J., Schultz M. Innovating organization and management: New sources of competitive advantage [M]. Cambridge: Cambridge University Press, 2012.

[89] Foss N. J., Saebi T. Fifteen years of research on business model innovation: How far have we come, and where should we go? [J]. Journal of Management, 2017, 43 (1): 200-227.

[90] Frank R. H. What price the moral high ground? How to succeed without selling your soul [M]. Princeton, NJ: Princeton University Press, 2004.

[91] Frederick W. C. The growing concern over business responsibility [J]. California Management Review, 1960 (2): 54-61.

[92] Freeman R. E. Strategic management: A stakeholder approach [M]. Boston, MA: Pitman, 1984.

[93] Freeman R. E. Strategic management: A stakeholder approach [M]. Cambridge: Cambridge University Press, 2010.

[94] Frey B. S., Oberholzer-Gee F. The cost of price incentives: An empirical analysis of motivation crowding-out [J]. American Economic Review, 1997, 87 (4): 746-755.

[95] Friedman M. The social responsibility of business is to increase its profits [N]. New York Times Magazine, 1970-09-13.

[96] Friends of the Earth. Cruise ship report card [M]. Washington, D.C.: Friends of the Earth, 2012.

[97] Gansky L. The mesh: Why the future of business is sharing [M]. London: Penguin, 2010.

[98] Gassmann O., Frankenberger K., Csik M. The business model

navigator: 55 models that will revolutionise your business [M]. Harlow, UK: Pearson UK, 2014.

[99] Global Footprint Network. What happens when in nitegrowth economy runs into a nite planet [A]//Global Footprint Network 2011 Annual Report [C]. Oakland, CA: Global Footprint Network, 2011.

[100] Gond J. P., Grubnic S., Herzig C., Moon J. Configuring management control systems: theorizing the integration of strategy and sustainability [J]. Management Accounting Research, 2012, 23 (3): 205-223.

[101] Grayson D., Hodges A. Corporate social opportunity! Seven steps to make corporate social responsibility work for your business [M]. Shefield, UK: Greenleaf, 2017.

[102] Guajardo J. A. Pay-as-you-go business models in developing economies: Consumer behavior and repayment performance [J]. Available at SSRN, 2016.

[103] Gulbrandsen E. A., Jørgensen S., Kaarbøe K., Pedersen L. J. T. Developing management control systems for sustainable business models [J]. Beta: Scandinavian Journal of Business Research, 2015, 29 (1): 10-25.

[104] Gulbrandsen E. A., Jørgensen S., Pedersen L. J. T. Sustainability practices and performance in Norwegian knowledge-intensive service companies [R]. Working Paper, NHH Norwegian School of Economics.

[105] Harman J. The Shark's paintbrush: Biomimicry and how nature is inspiring innovation [M]. London: Nicholas Brealey Publishing, 2013.

[106] Harrison G. W., List J. A. Field experiments [J]. Journal of Economic Literature, 2004, 42 (4): 1009-1055.

[107] Harrison H., Kubik J. D., Scheinkman J. A. Financial constraints on corporate goodness [J]. NBER Working Paper Series, 2012: 18476.

[108] Harter J. K., Schmidt F. L., Hayes T. L. Business-unit-level

relationship between employee satisfaction, employee engagement, and business outcomes: A meta-analysis [J]. Journal of Applied Psychology, 2002, 87 (2): 268.

[109] Hawken P. The ecology of commerce: How business can save the planet [M]. London: Weidenfeld & Nicolson, 1993.

[110] Hofmann H., Busse C., Bode C., Henke M. Sustainability-related supply chain risks: Conceptualization and management [J]. Business Strategy and the Environment, 2014, 23 (3): 160-172.

[111] Holmes B. Earth without humans [J]. New Scientist, 2006, 192 (2573): 36-41.

[112] Hong H., Kacperczyk M. The price of sin: The effects of social norms on markets [J]. Journal of Financial Economics, 2009, 93(1): 15-36.

[113] Horbach J., Rammer C., Rennings K. Determinants of eco-innovations by type of environmental impact—the role of regulatory push/pull, technology push and market pull [J]. Ecological Economics, 2012, 78: 112-122.

[114] Hufford A. Spotify's paid users surged last year but loss doubled [EB/J]. The Wall Street Journal. 2017-6-15. Retrieved January 12, 2018, from https://www.wsj.com/articles/spotify-paid-users-surged-last-year-but-loss-doubled-1497539725.

[115] Hutchins M. J., Sutherland J. W. An exploration of measures of social sustainability and their application to supply chain decisions [J]. Journal of Cleaner Production, 2008, 16 (15): 1688-1698.

[116] Inagaki K., Osawa J. Fujifilm thrived by changing focus [EB/J]. The Wall Street Journal. 2012-1-20. Retrieved January 12, 2018, from https://www.wsj.com/articles/SB10001424052970203750404577170481473958516.

［117］Ingebrigtsen S., Jakobsen O. D. Circulation economics: Theory and practice（Vol. 3）［M］. Oxford: Peter Lang, 2007.

［118］Intergovernmental Panel on Climate Change. Climate change 2014-Impacts, adaptation and vulnerability: Regional aspects［M］. Cambridge: Cambridge University Press, 2014.

［119］Jacobsen N. B. Industrial symbiosis in Kalundborg, Denmark: A quantitative assessment of economic and environmental aspects［J］. Journal of Industrial Ecology, 2006, 10（1-2）: 239-255.

［120］Jenkins H. A "business opportunity" model of corporate social respon-sibility for small-and medium-sized enterprises［J］. Business Ethics: A European Review, 2009, 18（1）: 21-36.

［121］Jeucken M. Sustainable finance and banking: The financial sector and the future of the planet［M］. London: Routledge, 2010.

［122］Johnson G., Melin L., Whittington R. Micro strategy and strategizing: Towards an activity-based view［J］. Journal of Management Studies, 2003, 40（1）: 3-22.

［123］Johnson M. W., Christensen C. M., Kagermann H. Reinventing your business model［J］. Harvard Business Review, 2008, 86（12）: 57-68.

［124］Jorde T. M., Teece D. J. Innovation and cooperation: Implica-tions for competition and antitrust［J］. Journal of Economic Perspectives, 1990, 4（3）: 75-96.

［125］Jørgensen S., Pedersen L. J. T. Organizing for responsibility［A］// O. Jakobsen, L. J. T. Pedersen. Responsibility, deep ecology & the self: Festschrift in honor of Knut J. Ims［M］. Oslo: Forlag1, 2011.

［126］Jørgensen S., Pedersen L. J. T. Responsible and profitable: Strate-gies for sustainable business models［M］. Oslo: Cappelen Damm Akademisk, 2015.

［127］Jørgensen S., Pedersen L. J. T. Designing sustainable business models［A］// T. W. Andreassen, S. Clatworthy, M. Lüders, T. Hillestad. Innovating for trust［M］. Cheltenham, UK：Edward Elgar Publishing, 2017a.

［128］Jørgensen S., Pedersen L. J. T. Towards smarter and more sustainable business models in retail［R］. Working Paper, NHH Norwegian School of Economics, 2017b.

［129］Jørgensen S., Pedersen L. J. T. Towards smart and sustainable business models in retail［A］// N. Bocken, P. Ritala, L. Albareda, R. Verburg. London：Palgrave（In press）, 2018.

［130］Jørgensen S., Pedersen L. J. T., Skard S. Does going green build trust? The relationship between sustainability efforts, perceived innovativeness and trust［R］. Working Paper, NHH Norwegian School of Economics, 2018.

［131］Kang C., Germann F., Grewal R. Washing away your sins? Corporate social responsibility, corporate social irresponsibility, and firm performance［J］. Journal of Marketing, 2016, 80（2）：59-79.

［132］Kaplan S. The business model innovation factory：How to stay relevant when the world is changing［M］. London：John Wiley & Sons, 2012.

［133］Karamchandani A., Kubzansky M., Lalwani N. Is the bottom of the pyramid really for you［J］. Harvard Business Review, 2011, 89（3）：107-111.

［134］Karnani A. The mirage of marketing to the bottom of the pyramid：How the private sector can help alleviate poverty［J］. California Management Review, 2007, 49（4）：90-111.

［135］Kastalli I. V., Van Looy B. Servitization：Disentangling the impact of service business model innovation on manufacturing firm performance［J］. Journal of Operations Management, 2013, 31（4）：169-180.

[136] Katz W. G. Responsibility and the modern corporation [J]. Journal of Law and Economics, 1960 (3): 75-85.

[137] Keeble J. J., Topiol S., Berkeley S. Using indicators to measure sustainability performance at a corporate and project level [J]. Journal of Business Ethics, 2003, 44 (2): 149-158.

[138] Kelly K. The inevitable: Understanding the 12 technological forces that will shape our future [M]. Penguin, 2016.

[139] Khan M., Serafeim G., Yoon A. Corporate sustainability: First evidence on materiality [J]. Accounting Review, 2015, 91 (6): 1697-1724.

[140] Khan M., Serateim G., Yoon A. Corporate sustainability: Frist evidence on materiality [J]. Accounting Review, 2016, 91 (6): 1697-1724.

[141] Kiron D., Kruschwitz N., Haanaes K., Reeves M., Fuisz-Kehrbach S. K., Kell G. Joining forces: Collaboration and leadership for sustainability [J]. MIT Sloan Management Review, 2015, 56 (3): 1-31.

[142] Kiron D., Kruschwitz N., Haanaes K., von Streng Velken I. Sustainability nears a tipping point [J]. MIT Sloan Management Review, 2012, 53 (2): 69-74.

[143] Koys D. J. The effects of employee satisfaction, organizational citizenship behavior, and turnover on organizational effectiveness: A unit-level, longitudinal study [J]. Personnel Psychology, 2001, 54 (1): 101-114.

[144] Krautkraemer J. A. Nonrenewable resource scarcity [J]. Journal of Economic Literature, 1998, 36 (4): 2065-2107.

[145] Lacy P., Rutqvist J. Waste to wealth: The circular economy advantage [M]. London: Palgrave, 2015.

[146] Le K., Bilgir O., Bianchini R., Martonosi M., Nguyen T. D. Managing the cost, energy consumption, and carbon footprint of internet services [J]. ACM SIGMETRICS Performance Evaluation Review, 2010, 38

（1）：357-358.

［147］Lehner M., Mont O., Heiskanen E. Nudging—A promising tool for sustainable consumption behaviour? ［J］. Journal of Cleaner Production, 2016（134）：166-177.

［148］Levitt S. D., List J. A. What do laboratory experiments measuring social preferences reveal about the real world? ［J］. Journal of Economic Perspectives, 2007, 21（2）：153-174.

［149］Levitt S. D., List J. A. Field experiments in economics：The past, the present, and the future ［J］. European Economic Review, 2009, 53（1）：1-18.

［150］Levitt T. Marketing myopia ［J］. Harvard Business Review, 1960, 38（4）：24-47.

［151］Levitt T. Production-line approach to service ［J］. Harvard Business Review, 1972, 50（5）：41-52.

［152］Lewin K. Group decision and social change ［J］. Readings in Social Psychology, 1947, 3：197-211.

［153］Lieder M., Rashid A. Towards circular economy implementation：A comprehensive review in context of manufacturing industry ［J］. Journal of Cleaner Production, 2016, 115：36-51.

［154］Linder M., Williander M. Circular business model innovation：Inherent uncertainties ［J］. Business Strategy and the Environment, 2017, 26（2）：182-196.

［155］List J., Gneezy U. The why axis：Hidden motives and the undiscovered economics of everyday life ［M］. New York, NY：Random House, 2014.

［156］Lockett A., Moon J., Visser W. Corporate social responsibility in management research：Focus, nature, salience and sources of influence ［J］.

Journal of Management Studies, 2006, 43 (1): 115–136.

[157] Lozano R. Envisioning sustainability three-dimensionally [J]. Journal of Cleaner Production, 2008, 16 (17): 1838–1846.

[158] Lusch R. F., Vargo S. L. Service-dominant logic [M]. Cambridge: Cambridge University Press, 2012.

[159] Magretta J. Why business models matter [J]. Harvard Business Review, 2002, 80 (5): 86–92.

[160] Margolis J. D., Elfenbein H. A., Walsh J. P. Does it pay to be good? A meta-analysis and redirection of research on the relationship between corporate social and nancial performance [J]. Ann Arbor, 2007 (1001): 48109–1234.

[161] Margolis J. D., Walsh J. P. Misery loves companies: Rethinking social initiatives by business [J]. Administrative Science Quarterly, 2003, 48 (2): 268–305.

[162] McDonough W., Braungart M. Cradle to cradle: Remaking the way we make things [M]. London: Macmillan, 2010.

[163] McDonough W., Braungart M. The upcycle: Beyond sustainability—Designing for abundance [M]. London: Macmillan, 2013.

[164] McGrath R. G. Business models: A discovery driven approach [J]. Long Range Planning, 2010, 43 (2): 247–261.

[165] McWilliams A., Siegel D. Corporate social responsibility: A theory of the firm perspective [J]. Academy of Management Review, 2001, 26 (1): 117–127.

[166] Miller K. D. A framework for integrated risk management in international business [J]. Journal of International Business Studies, 1992, 23 (2): 311–331.

[167] Mitchell D., Coles C. The ultimate competitive advantage of con-

tinuing business model innovation [J]. Journal of Business Strategy, 2003, 24 (5): 15-21.

[168] Mitchell R. K., Agle B. R., Wood D. J. Toward a theory of stakeholder identi cation and salience: De ning the principle of who and what really counts [J]. Academy of Management Review, 1997, 22 (4): 853-886.

[169] Mol A. P. Transparency and value chain sustainability [J]. Journal of Cleaner Production, 2015 (107): 154-161.

[170] Mont O. K. Clarifying the concept of product–service system [J]. Journal of Cleaner Production, 2002, 10 (3): 237-245.

[171] Mont O., Tukker A. Product–service systems: Reviewing achievements and refining the research agenda [J]. Journal of Cleaner Production, 2006, 14 (17): 1451-1454.

[172] Morlet A., Blériot J., Opsomer R., Linder M., Henggeler A., Bluhm A., Carrera A. Intelligent assets: Unlocking the circular economy potential [M]. London: Ellen MacArthur Foundation, 2016.

[173] Morris M., Schindehutte M., Allen J. The entrepreneur's business model: Toward a unified perspective [J]. Journal of Business Research, 2005, 58 (6): 726-735.

[174] Mowery D. C., Oxley J. E., Silverman B. S. Strategic alliances and inter firm knowledge transfer [J]. Strategic Management Journal, 1996, 17 (S2): 77-91.

[175] Nalebu B. J., Brandenburger A. M. Co –opetition: Competitive and cooperative business strategies for the digital economy [J]. Strategy & Leadership, 1997, 25 (6): 28-33.

[176] Nehrt C. Maintainability of first mover advantages when environmental regulations differ between countries [J]. Academy of Management Review, 1998, 23 (1): 77-97.

［177］Ng I., Parry G., Smith L., Maull R., Briscoe G. Transitioning from a goods–dominant to a service–dominant logic: Visualising the value proposition of Rolls–Royce［J］. Journal of Service Management, 2012, 23（3）: 416–439.

［178］Nidumolu R., Prahalad C. K., Rangaswami M. R. Why sustainability is now the key driver of innovation［J］. Harvard Business Review, 2009, 87（9）: 56–64.

［179］O'Higgins E., Zsolnai L. Progressive business models: Creating sustainable and prosocial enterprise［M］. Berlin: Springer, 2017.

［180］O'Higgins E., Zsolnai L. What is progressive business?［A］// E. O'Higgins, L. Zsolnai. Progressive business models: Creating sustainable and prosocial enterprise［M］. London: Palgrave Macmillan, 2018.

［181］Orlitzky M., Schmidt F. L., Rynes S. L. Corporate social and financial performance: A meta–analysis［J］. Organization Studies, 2003, 24（3）: 403–441.

［182］Osterwalder A., Pigneur Y. Business model generation: A handbook for visionaries, game changers, and challengers［M］. London: John Wiley & Sons, 2010.

［183］Osterwalder A., Pigneur Y., Bernarda G., Smith A. Value proposition design: How to create products and services customers want［M］. London: John Wiley & Sons, 2014.

［184］Pachauri R. K., Meyer L. Climate change 2014: Synthesis report［C］. Geneva, Switzerland: IPCC, 2014.

［185］Pedersen L. J. T. Systems of accountability and personal responsibility［A］// P. Gooderham, K. Kaarbøe, H. Nørreklit. Managing in dynamic business environments: Between control and autonomy［M］. Cheltenham, UK: Edward Elgar, 2013.

［186］ Peloza J., Falkenberg L. The role of collaboration in achieving corporate social responsibility objectives ［J］. California Management Review, 2009, 51（3）: 95-113.

［187］ Peredo A. M., McLean M. Social entrepreneurship: A critical review of the concept ［J］. Journal of World Business, 2006, 41（1）: 56-65.

［188］ Perrini F., Tencati A. Sustainability and stakeholder management: The need for new corporate performance evaluation and reporting systems ［J］. Business Strategy and the Environment, 2006, 15（5）: 296-308.

［189］ Popp D. The role of technological change in green growth（No. w18506）［R］. National Bureau of Economic Research, 2012.

［190］ Prahalad C. K. Bottom of the pyramid as a source of breakthrough innovations ［J］. Journal of Product Innovation Management, 2012, 29（1）: 6-12.

［191］ Richardson K., Steffen W., Schellnhuber H. J., Alcamo J., Barker T., Kammen D. M., Stern N. Climate change-global risks, challenges & decisions: Synthesis report ［M］. Copenhagen: Museum Tusculanum, 2009.

［192］ Ries E. The lean startup: How today's entrepreneurs use continuous innovation to create radically successful businesses ［M］. New York, NY: Crown Books, 2011.

［193］ Rockström J., Steffen W., Noone K., Persson Å., Chapin F. S., Lambin E. F., Nykvist B. A safe operating space for humanity ［J］. Nature, 2009, 461（7263）: 472-475.

［194］ Rosseland J. H. Does it pay to be a responsible company? An examination of the equator principles ［J］. Beta: Scandinavian Journal of Business Research, 2011, 25（1）: 49-62.

［195］ Salaber J. M. The determinants of sin stock returns: Evidence on the European market ［R］. Working Paper, Université Paris-Dauphine, 2007.

［196］Schaltegger S. Sustainability as a driver for corporate economic success: Consequences for the development of sustainability management control ［J］. Society and Economy, 2011, 33 (1): 15-28.

［197］Scholl G. Product service systems ［A］// A. Tukker, M. Charter, C. Vezzoli, E. Sto, M. Munch Andersen. System innovation for sustainability. Perspectives on radical change to sustainable consumption and production ［M］. Sheffield, UK: Greenleaf Publishing Ltd., 2006: 25-43.

［198］Schumpeter J. The theory of economic development (1934 translation) ［M］. Piscataway, NJ: Transaction Books, 1911.

［199］Schwab K. The fourth industrial revolution ［M］. Geneva: World Economic Forum, 2016.

［200］Selsky J. W., Parker B. Cross-sector partnerships to address social issues: Challenges to theory and practice ［J］. Journal of Management, 2005, 31 (6): 849-873.

［201］Sen S., Bhattacharya C. B. Does doing good always lead to doing better? Consumer reactions to corporate social responsibility ［J］. Journal of Marketing Research, 2001, 38 (2): 225-243.

［202］Sen S., Du S., Bhattacharya C. B. Corporate social responsibility: A consumer psychology perspective ［J］. Current Opinion in Psychology, 2016 (10): 70-75.

［203］Serafeim G. Integrated reporting and investor clientele ［J］. Journal of Applied Corporate Finance, 2015, 27 (2): 34-51.

［204］Seuring S., Gold S. Sustainability management beyond corporate boundaries: From stakeholders to performance ［J］. Journal of Cleaner Production, 2013 (56): 1-6.

［205］Serafeim G., Gombos S. Turnaround at Norsk Gjenvinning ［R］. Harvard Business School Case, 2015 (1).

［206］Shamir B., House R. J., Arthur M. B. The motivational effects of charismatic leadership: A self-concept based theory ［J］. Organization Science, 1993, 4（4）: 577-594.

［207］Short J. C., Moss T. W., Lumpkin G. T. Research in social entrepreneurship: Past contributions and future opportunities ［J］. Strategic Entrepreneurship Journal, 2009, 3（2）: 161-194.

［208］Simas M. S., Golsteijn L., Huijbregts M. A., Wood R., Hertwich E. G. The "Bad Labor" footprint: Quantifying the social impacts of globalization ［J］. Sustainability, 2014, 6（11）: 7514-7540.

［209］Simester D. Field experiments in marketing ［J］. Handbook of Economic Field Experiments, 2017（1）: 465-497.

［210］Skarmeas D., Leonidou C. N. When consumers doubt, watch out! The role of CSR skepticism ［J］. Journal of Business Research, 2013, 66（10）: 1831-1838.

［211］Smith W. K., Gonin M., Besharov M. L. Managing social-business tensions: A review and research agenda for social enterprise ［J］. Business Ethics Quarterly, 2013, 23（3）: 407-442.

［212］Solomon R. C. Corporate roles, personal virtues: An Aristotelean approach to business ethics ［J］. Business Ethics Quarterly, 1992, 2（3）: 317-339.

［213］Søreide T. Corruption and criminal justice: Bridging economic and legal perspectives ［M］. Cheltenham: Edward Elgar Publishing, 2016.

［214］Stahel W. R. The circular economy ［J］. Nature, 2016, 531（7595）: 435.

［215］Stamp G., Prügl R., Osterloh V. An explorative model of business model scalability ［J］. International Journal of Product Development, 2013, 18（3-4）: 226-248.

［216］Steffen W., Richardson K., Rockström J., Cornell S. E., Fetzer I., Bennett E. M., Folke C. Planetary boundaries: Guiding human development on a changing planet ［J］. Science, 2015, 347 (6223): 1259855.

［217］Stenmarck A., Jensen C., Quested T., Moates G., Buksti M., Cseh B., Scherhaufer S. Estimates of European food waste levels ［C］. IVL Swedish Environmental Research Institute, 2016.

［218］Stephany A. The business of sharing: Making it in the new sharing economy ［M］. London: Palgrave Macmillan, 2015.

［219］Stoknes P. E. What we think about when we try not to think about global warming: Toward a new psychology of climate action ［M］. Chelsea: Chelsea Green Publishing, 2015.

［220］Strand R. The chief officer of corporate social responsibility: A study of its presence in top management teams ［J］. Journal of Business Ethics, 2013, 112 (4): 721-734.

［221］Strand R. Strategic leadership of corporate sustainability ［J］. Journal of Business Ethics, 2014, 123 (4): 687-706.

［222］Strand R. Strategic management in the era of cooperation: Toward a theory of scandinavian cooperative advantage ［R］. Unpublished Manuscript, University of California-Berkeley, 2017.

［223］Sullivan J., Zutavern A. The mathematical corporation: Where machine intelligence and human ingenuity achieve the impossible ［M］. New York, NY: Public Aairs, 2017.

［224］Sundararajan A. From Zipcar to the sharing economy ［R］. Harvard Business Review, 2013 (1).

［225］Sundararajan A. The sharing economy: The end of employment and the rise of crowd-based capitalism ［M］. Cambridge, MA: MIT Press, 2016.

［226］ Teece D. J. Business models, business strategy and innovation ［J］. Long Range Planning, 2010, 43（2）: 172-194.

［227］ Tencati A., Zsolnai L. The collaborative enterprise ［J］. Journal of Business Ethics, 2009, 85（3）: 367-376.

［228］ Omke S. Enlightened experimentation: The new imperative for innovation ［J］. Harvard Business Review, 2001, 79（2）: 66-75.

［229］ Ompson J. D., Macmillan I. C. Business models: Creating new markets and societal wealth ［J］. Long Range Planning, 2010, 43（2）: 291-307.

［230］ Toffer A. The third wave ［M］. New York, NY: Bantam Books, 1981.

［231］ Tukker A. Eight types of product–service system: Eight ways to sustain–ability? Experiences from SusProNet ［J］. Business Strategy and the Environment, 2004, 13（4）: 246-260.

［232］ Tukker A., Tischner U. Product–services as a research field: Past, present and future. Reflections from a decade of research ［J］. Journal of Cleaner Production, 2006, 14（17）: 1552-1556.

［233］ Turban D. B., Greening D. W. Corporate social performance and organizational attractiveness to prospective employees ［J］. Academy of Management Journal, 1997, 40（3）: 658-672.

［234］ Unruh G., Kiron D., Kruschwitz N., Reeves M., Rubel H., Zum Felde A. M. Investing for a sustainable future: Investors care more about sustainability than many executives believe ［J］. MIT Sloan Management Review, 2016, 57（4）: 3-25.

［235］ Varadarajan P. R., Cunningham M. H. Strategic alliances: A synthesis of conceptual foundations ［J］. Journal of the Academy of Marketing Science, 1995, 23（4）: 282.

［236］ Visser W. The age of responsibility：CSR 2.0 and the new DNA of business ［M］. Hoboken，NJ：John Wiley & Sons，2011.

［237］ Waddock S. A., Graves S. B. The corporate social performance-financial performance link ［J］. Strategic Management Journal，1997，18（4）：303-319.

［238］ Walter E. Trust in the sharing economy-Can trust make or break a sharing enterprise? ［M］. Hamburg：Anchor Academic Publishing，2017.

［239］ Wang T., Bansal P. Social responsibility in new ventures：Profiting from a long-term orientation ［J］. Strategic Management Journal，2012，33（10）：1135-1153.

［240］ Weber O., Scholz R. W., Michalik G. Incorporating sustainability criteria into credit risk management ［J］. Business Strategy and the Environment，2010，19（1）：39-50.

［241］ Webster K. The circular economy：A wealth of flows ［M］. Coew：Ellen MacArthur Foundation Publishing，2015.

［242］ Wells P. E. Business models for sustainability ［M］. Cheltenham：Edward Elgar Publishing，2013.

［243］ World Bank. Services，etc.，value added（% of GDP）［EB/OL］. http：//data.worldbank.org/indicator/NV.SRV.TETC.ZS，2015-05-11.

［244］ Yoon Y., Gürhan-Canli Z., Schwarz N. The effect of corporate social responsibility（CSR）activities on companies with bad reputations ［J］. Journal of Consumer Psychology，2006，16（4）：377-390.

［245］ Zeitz J. Puma completes first environmental profit and loss account ［N］. The Guardian，2011-11-16.

［246］ Zott C., Amit R. Business model design and the performance of entrepreneurial firms ［J］. Organization Science，2007，18（2）：181-199.

［247］ Zott C., Amit R., Massa L. The business model：Recent developments and future research〔J〕. Journal of Management，2011，37（4）: 1019-1042.

〔248〕Zsolnai L. Honesty and trust in economic relationships〔J〕. Management Research News，2004，27（7）: 57-62.